Hans-Georg Schuster

SPREEWALD

Eine sinnliche Wanderung

MICHAEL IMHOF VERLAG

Danksagung

Für die Unterstützung bedanke ich mich bei Stephan Loge, Landrat im Landkreis Dahme–Spree, für seine Worte zum Geleit, beim Stadt- und Regionalmuseum Lübben, beim Spreewaldmuseum Lübbenau sowie beim Ludwig-Leichhardt-Museum Trebatsch.

Es ist mir ein Bedürfnis, mich bei allen Menschen zu bedanken, die die Erarbeitung dieses Buches begleiteten. Mein Dank gilt allen Damen und Herren aus dem Spreewald für den fundierten Rat und die praktische Tat; vor allem Anneliese und Helmut Bittner, Lothar Gosche, Pfarrer Christoph Hanke, Marie Kieper, Ute Kühn, Hanne-lore Linge, Paul Lossack, Marga Morgenstern, Peter Paulick, Helmut Richter, Ulf Richter, Helmut Riediger, Klaus Rudolph, Dr. Paul Rupp, Dr. Hellmut Trunschke, Steffen Vater, Wilfried Weber, Harald Wenske.

Mein herzlicher Dank gehört Bert Uschner (München) sowie meinen Söhnen Daniel und Tom. Auf ganz besondere Weise danke ich meiner lieben Frau Angelika, die geduldig und aufopferungsvoll meine Arbeit unterstützte.

Hans-Georg Schuster: **SPREEWALD. Eine sinnliche Wanderung**
Michael Imhof Verlag, Petersberg 2009 (2. bearb. Auflage 2013)

© 2. bearbeitete Auflage 2013
   Michael Imhof Verlag GmbH & Co. KG
   Stettiner Straße 25, D-36100 Petersberg
   Tel. 0661/2919166-0, Fax 0661/2919166-9
   www.imhof-verlag.com
   Hans-Georg Schuster, Berlin

Gestaltung u. Reproduktion: Michael Imhof Verlag
Druck: B.o.s.s Druck und Medien GmbH, Goch
Printed in Germany

ISBN 978-3-86568-512-4

INHALT

VORWORT

Der Spreewald gehört zu den schönsten und zugleich einzigartigsten Naturschutzgebieten Europas. Hier im Süden Brandenburgs, auf halber Strecke zwischen Berlin und Dresden winden sich auf einer Länge von 970 Kilometern Fließe und Kanäle labyrinthartig durch Wiesen, Felder und Wälder.

Die über Jahrhunderte entstandene Kulturlandschaft genießt seit 1991 die Anerkennung der UNESCO als Biosphärenreservat. Sie lebt von der Harmonie zwischen Landschaft, Natur und Menschen. Sie braucht unsere Sensibilität.

Um die einmalige Natur zu erhalten, ist das 48000 Hektar große Biosphärenreservat, wovon rund 62 Prozent im Landkreis Dahme-Spreewald liegen, in unterschiedliche Schutzzonen aufgeteilt. Unser Anliegen ist es, die Region mit den kleinflächigen Horstäckern und Wiesen, den märchenhaften Hochwäldern, den Wasserläufen und Seen umfassend und langfristig ökologisch zu betreuen. Insbesondere durch die Stabilisierung des Wasserhaushaltes sollen die Erhaltung und Wiederherstellung natürlicher und naturnaher Biotope und Artenvorkommen unterstützt werden. Dafür werden zum Beispiel im Rahmen des „Gewässerrandstreifenprojektes" in den nächsten Jahren über 11 Millionen EURO investiert. Mit vielen Einzelmaßnahmen soll erreicht werden, dass das Wasser in den Spreewaldfließen wieder fließt und die Gewässer sauberer werden. Wichtige Partner dabei sind landwirtschaftliche Betriebe, Kommunen und Fremdenverkehrsvereine. Seit eh und je gehört der Spreewald zu den beliebtesten Urlaubsregionen in Deutschland.

Wer diesen Landstrich besucht, findet Ruhe inmitten herrlichster Natur, begegnet modernen Menschen, die dennoch alte Traditionen und Bräuche pflegen, trifft auf historische Gebäude mit zeitgenössischer Kunst und Kultur.

Längst hat der Zeitenwandel mit all seinen guten, aber auch gefährlichen Seiten auch im Spreewald Einzug gehalten .

Welche Zukunft die in Jahrhunderten gewachsene Kulturlandschaft hat, hängt allein von uns Menschen ab. Was wir brauchen, ist ein vernünftiges Zusammenspiel zwischen Landschaftspflege und sanftem Tourismus.

Wenn Sie nun auf den folgenden Seiten dieses Buches gemeinsam mit dem Autor Hans-Georg Schuster durch den Spreewald wandern, können Sie sich selbst ein Bild machen von der unvergleichlich schönen Landschaft, aber auch von der bedrohten Harmonie zwischen Mensch und Natur.

Ich wünsche Ihnen viel Freude beim Lesen.

Stephan Loge
Landrat im Landkreis Dahme-Spreewald

ANNÄHERUNG

Die Entstehung des Spreewaldes, so überliefert es der Mythos des heidnischen Glaubens, ist das Werk des Teufels. Einst will der Herr der Hölle mit seinen Ochsen das Bett der Spree pflügen. Als die Zugtiere von der schweren Arbeit müde werden, mal rechts, dann wieder links ausbrechen, gerät er in Zorn, treibt unter Peitschenknallen seine zwei großen schwarzen Ochsen an und schreit: „Euch faules Vieh wird meine Großmutter holen." Die Ochsen geraten in Panik, ergreifen die Flucht im Zickzackkurs, schleifen mit dem Pflug tiefe Gräben in das einst ebene Land.

Doch diese Landschaft im Südosten des Landes Brandenburgs ist kein Teufelswerk. Gewaltige Kräfte der letzten Eiszeit schieben vor rund zehntausend Jahren Gletscher über das Land, formen die Erde, türmen Moränenzüge bis zu 144 Metern Höhe auf, furchen unzählige Seen und Flüsse ins Erdreich.

Die Spree tut ein Weiteres und schüttet einen breiten Sandfächer auf. Sie hat in dieser Region jedoch nur ein sehr geringes Gefälle, kann sich aufgrund dessen kein eigenes tiefes Bett in den Boden graben. Die Folge ist: Das Wasser ergießt sich in alle Richtungen und es bildet sich ein Labyrinth von 350 Fließgewässern mit mehr als 950 Kilometern Länge.

Über die Jahre entstehen auf den Schwemmsandflächen flache Moorböden und mit zunehmender Erwärmung entwickeln sich dichte Niederungswälder mit Eichen, Buchen, Eschen und Erlen, in denen Hirsche, Elche, Wölfe und Bären ihr Zuhause haben.

Die ersten Menschen siedeln bereits zu ur- und frühgeschichtlicher Zeit vor allem auf den trockenen Anhöhen der Grund- und Endmoränen am Rande der Spreewaldniederungen. Später, im 7. und 8. Jahrhundert, kommen slawische Stämme, Sorben/Wenden, ins Land. Und 300 bis 400 Jahre danach werden Deutsche hier sesshaft.

Bevor die Menschen die Landschaft gestalten, stoßen sie auf einen schier undurchdringlichen, sumpfigen Urwald. Sie beginnen den Wald zu roden und schaffen freie Landflächen. So wird Urwald zu Acker- und Weideland, Bauerngehöfte und Dörfer werden errichtet.

Was hier entsteht, ist ein großer Landschaftspark, ein in Europa einmaliger Lebens-, Wirtschafts- und Naturraum. Ihn gilt es zu erhalten und zu entwickeln. Deshalb hat die UNESCO im März 1991 den Ober- und Unterspreewald in die Liste der UNESCO-Biosphärenreservate aufgenommen.

Der Spreewald hat aber auch andere Seiten. In launischen Momenten führt sich die Natur in einer Weise auf, die der Mensch nicht beherrscht. Hochwasser überschwemmen früher fast jährlich das Land, vernichten Ernten, bringen Hunger und Not. Trockenperioden verdörren das Korn auf dem Halm, das Gemüse in der Erde.

Aber die Menschen arrangieren sich mit diesen Bedingungen. Die seit Vorzeiten während Auseinandersetzung mit der Umwelt vermittelt ihnen tiefe Kenntnis über die Gesetze der Natur, befähigt sie zu einer anderen Dimension von Sinnlichkeit. Im Spreewald verstehen es die Leute besser als die in der Stadt, Veränderungen im Rhythmus der Natur zu deuten, sie zu ordnen, zu sehen und zu hören. Der so unmittelbar mit der Natur lebende Mensch muss früh lernen, die Zeichen zu lesen, die Gewitter, Regen, Dürre oder eiskalte Winter ankündigen. Es sind die Sinne für die Farben der Früchte auf dem Feld und im Garten, das Gespür für den Zeitpunkt von Saat und Ernte, die den Spreewäldern die nötige Sicherheit verleihen für ihr Handeln im Raum. Diese Empfindungen entstehen aus dem Wissen um die Ordnung der Natur und die Stellung des Menschen in ihr.

Wir – das sind meine Frau und ich – wollen uns dem Spreewald nähern, offen, unvoreingenommen und aufnahmebereit. Um das zu können, müssen wir unsere Bewegung dem Vorhaben anpassen. Eine Autofahrt wäre zu schnell, bevor wir uns mit etwas Sehenswertem näher beschäftigen könnten, wäre es schon vorübergerauscht, uns vielleicht sogar entgangen.

Wir müssen unsere Wahrnehmung also entschleunigen, sind deshalb zu Fuß oder per Kahn unterwegs. Nur so können wir uns die Schönheiten des Spreewaldes erschließen.

Diese Erkenntnis ist nicht neu. Johann Gottfried Seume macht sie bereits zu Beginn des 19. Jahrhunderts. Reisen bedeutet für ihn zu Fuß wandern oder „tornistern", wie er es nennt. In der Schilderung seiner nordischen Reise von 1805 schreibt er: „Wer geht, sieht im Durchschnitt anthropologisch und kosmisch mehr, als wer fährt, …"

Wir wandern also. Und Wandern ist für uns weit mehr als die pragmatische Zwecksetzung, einen Ort zu erreichen, sei es ein Berg, Fluss oder Wald. Wandern hat einen meditativen

Charakter, ist das bewusste Hineingehen in die Natur, ist Abkehr von der lärmenden Großstadt, ist Quelle für Gesundheit und Selbstbesinnung. Wenn sich die Stille auf unser Inneres überträgt, schärfen sich gleichsam die Sinne für die lebendige Natur, die Flora und Fauna.

Bereits im Laufe des 18. Jahrhunderts werden Naturerfahrung und Naturerlebnis Werte und Leitorientierung des gebildeten Bürgertums. Für Jean-Jacques Rousseau „gibt es nur eine angenehmere Art zu reisen als zu Pferd. Das Wandern zu Fuß." Er sagt: „Ich komme überall durch, wo ein Mensch passiert, sehe alles, was ein Mensch zu sehen vermag; und da ich nur von mir selbst abhänge, genieße ich die ganze Freiheit, deren ein Mensch sich freuen kann."

Auch der oben schon erwähnte leidenschaftliche Wanderer Seume bestätigt dies mit der Aussage: „Ich halte den Gang für das Ehrenvollste und Selbständige in dem Manne und bin der Meinung, daß alles besser gehen würde, wenn man mehr ginge. Fahren zeigt Ohnmacht, Gehen Kraft. Schon deswegen wünschte ich nur selten zu fahren …".

Aber lässt der Alltag den heutigen Menschen die Zeit dafür? Was ist, wenn das beschleunigte, hektische Leben mit der Sehnsucht nach natürlicher Stille und Besinnung ganz und gar nicht synchron läuft? Die Harmonie des Lebens gerät aus den Fugen. Körper, Geist und Seele verlieren die Balance. Christian Morgenstern zeigt den Weg zur Selbstfindung und Ausgeglichenheit. Er sagt: „Die Natur ist die große Ruhe gegenüber unserer Beweglichkeit … Sie gibt dem Menschen die großen Züge, die weiten Perspektiven und zugleich das Bild einer … erhabenen Gelassenheit."

Unsere Wanderungen in den Spreewald führen uns seine vielen Gesichter vor Augen. Die einzigartige Kulturlandschaft lässt uns die Natur und die gestalterische Kraft des Menschen erleben und eröffnet so die Möglichkeit, mit unseren Sinnen zu erfahren, was der Kopf allein nicht fassen kann. Und deshalb ist für uns der Gedanke an Schönheit eng mit dem Spreewald verbunden.

Wir sind ihm verfallen. Aufgrund dessen kann das vorliegende Buch nicht nur objektiv sein. Wer ist schon objektiv, wenn er liebt und wer kann das Objekt seiner Liebe hinreichend beschreiben, ohne sich nicht auch subjektiver Wertungen zu bedienen?

Unsere Liebe zum Spreewald speist sich eben wie jede andere Liebe aus den Antrieben des Suchenden. Ja, wer hier seine

Augen öffnet, wird das Einmalige sehen, im Großen wie im Detail. Wer seinen Geist wach hält, wird allerorts Neues entdecken. Wer seine Seele weitet, wird sinnliche Schönheit in Fülle erleben, auch wenn hier längst manche Schatten im Licht des Zeitenwandels gefallen sind.

Das Buch ist kein Reiseführer oder Reisemagazin. Den Leser auf Besonderes aufmerksam machen und in einige Geheimnisse des Spreewaldes führen, ist sein Anliegen. Die Schilderungen und Erlebnisse aus unseren Wanderungen sollen der Orientierung dienen für eine Landschaft, in der sich Natur und menschliche Tätigkeit zu einer höheren Harmonie vereinigen.

Wir wandern durch den Spreewald und laden ein, uns zu folgen. Vielleicht wird der Leser selbst zum Wanderer und geht die Pfade des Buches, gewinnt dabei seine eigenen Eindrücke. Es bleibt zu hoffen, dass er unsere Zuneigung zum Spreewald teilen wird und bereit ist, sich selbst aufzuklären über diese einzigartige Region.

Wir lassen dem Leser für seine Entdeckungslust reichen Raum, den er mit seinen Wahrnehmungen füllen kann.

Der Spreewald bietet genug dafür.

VON KÖTHEN UM DIE HEIDESEEN

Es ist Mai, seit alters her der Blumen- oder Liebesmonat für
Dichter. Volksliedhaft beschreiben sie die vitalisierende Kraft
des Frühlings. Die Natur bricht auf, ungestüm und voller Leidenschaft. Unruhe erfasst die Menschen. Überall ein Auf-
atmen, endlich hinaus ins Freie, die Glasmenagerie der
Wohnungen, der Büros, Hotels und Autos verlassen, die vir-
tuellen Räume schließen und sich mit allen Sinnen dem Früh-
lingszauber öffnen.

In der Natur herrschen eben andere Gesetze als in der Großstadt. Wenn wir uns auf sie einlassen, erwachen neue Kräfte
für Lebensharmonie und seelischen Ausgleich.

Wir wollen am Rand des Unterspreewaldes wandern, von
Köthen um die Heideseen, einer in Jahrtausenden gewachse-
nen Natur- und Kulturlandschaft im Süden der Mark Brandenburg. Für Wanderer ein Landschaftsgebiet voll überra-
schender Schönheit, an dem das Zusammenspiel von Bergen,
Seen und Wäldern tief beeindruckt.

Schon vor mehr als 100 Jahren zieht es Großstädter hier her.
Wie eine Werbung schreibt der Köthener Dorfchronist im Jahre 1913: „Köthen eignet sich vorzüglich als Ort, in dessen
Natur man Leib und Seele erfrischen kann. Man muss aber
den Wanderstab ergreifen … Belohnt wird man durch reichlich Wald und Seeluft."

Im Morgengrauen brechen wir auf, fahren durch eine reiz-
volle und abwechslungsreiche Landschaft in das kleine
romantische Heidedorf Köthen, einem Ortsteil von Märkisch
Buchholz. Wegen der direkten Verbindung zum Unterspree-
wald bezeichnet sich Köthen zu Recht als das „Tor zum
Spreewald". Die naturräumliche Gliederung vom Köthener
See bis zu den Krausnicker Bergen, benannt nach dem Spree-
walddorf Krausnick, ist eine Hinterlassenschaft der Eiszeit.
Als die Gletscher sich zurückzogen, hinterließen sie einen
Haufen aus Geröll, Schutt und Sand.

Köthen, ein altes wendisches Dorf, ist eingerahmt im Norden
vom gleichnamigen Köthener See und im Süden von den
Krausnicker Bergen. Im 11./12. Jahrhundert siedelten hier
überwiegend slawische Wenden. Woher der Name des Ortes
stammt, wird von Chronisten unterschiedlich gedeutet. Er
könnte sich vom niedersorbischen Wort „Kocina" (Hütte) her-
leiten oder von „Koten", so nannten die Wenden die im

Morast steckenden Enden der Holzpfähle, auf denen sie ihre Hütten errichteten. Auf diese Zeit deutet die Siedlungsform von Köthen hin. Das Dorf ist als Rundlings- oder Runddorf errichtet mit einer im Mittelalter gebräuchlichen hufeisenförmigen Anordnung der Häuser und Grundstücke. Am Dorfplatz ist diese Siedlungsform noch heute gut zu erkennen. Fachwerkhäuser wie die Gaststätte „Zum Köthener See" und die Jugendherberge lassen etwas von der Bauweise der Wenden nachempfinden.

Seit den 1990er Jahren hat sich manches verändert. Siedler aus Berlin, Dresden oder dem Umland errichten neue Häuser, alte sind liebevoll verschönert. Alles fügt sich, ohne das Antlitz von Köthen zu beschädigen.

Verdeckt vom baumumsäumten Ufer des Sees liegt das Dorf Köthen. Im Hintergrund erheben sich die waldbedeckten Krausnicker Berge, ein gewaltiger Moränenzug der letzten Eiszeit am Westrand des Unterspreewaldes.

Die Jugendherberge in Köthen mit ihrem alten Fachwerkhaus ist idyllisch direkt am Ufer des Sees gelegen

Morgenstimmung. Noch schläft das Dorf. Die Luft ist frisch. Hier auf dem Land ist sie anders, man kann sie riechen, als wäre sie aus einem Stoff, versetzt mit allerlei Duftnuancen vom See, den Blumen in den Gärten, von Wiesen und Wäldern. Wenn man von der Unschuld des Morgens sprechen kann, so hier in der alles beherrschenden Natur.

Vom Dorfanger gehen wir einen schmalen Weg zum See. Links am Ufer eine kleine Fischerhütte, wenige Schritte weiter die Badestelle mit Liegewiese.

Dichter Nebel zieht über das Wasser. Das Licht der aufgehenden Sonne verfängt sich in ihm, verfärbt alles ringsum in ein intensives Orange. Farben sind die lebendige Sprache des Lichts, sagt man. Was wir hier am See erfahren, ist ihre Wirkung auf unsere Gefühle. Farben vermitteln ästhetischen Genuss am Schönen. Wir erleben zugleich noch etwas Tieferes und Subtileres durch ihren Einfluss – es sind Stille und Transparenz. Der Nebel verschleiert den freien Blick. Die Konturen der Bäume am anderen Ufer wirken als Relief. Eine enorme Melancholie liegt über dem See, die das Lichtspiel mit stetig wechselnden Bildern noch verstärkt. Mal besitzt die aufgehende Sonne die Kraft, dass ihr Licht die Nebelschwaden durchdringt und das schwache Blau des Himmels durchscheinen lässt. Dann wieder ist alles von einer mystischen Farbwand umhüllt. Doch die Sonne schiebt sich wie eine feurige Kugel über die Wipfel der Bäume. Der Kampf zwischen dem Licht des anbrechenden Tages und dem sich auflösenden Nebeldunst über dem See zeichnet letzte Kontraste in den noch kühlen Morgen. Wildgänse fliegen mit lautem Geschrei der Sonne entgegen.

Wir warten auf den Augenblick bis der Nebel sich auflöst und der Morgen sich ganz entfaltet. Es ist so weit. Helle Strahlenbündel schießen herab, geben dem See und allem um ihn herum Gestalt und Farbe.

Der See zeigt sich uns ganz. In seiner Mitte entdecken wir eine kleine Insel. Sie ist Hort für Vögel aller Art, gelegentlich Ankerpunkt für Wasserwanderer. Randkanal, Puhlstrom und die Wasserburger Spree sind direkte Verbindungen vom Köthener See zum Unterspreewald, so nach Groß Wasserburg oder weiter bis Schlepzig.

Vorfreude auf die Bewegung in der Natur beherrscht uns. Ein Glücksgefühl, das Wanderer wohl immer wieder empfinden. Zeitzeugen des Philosophen Arthur Schopenhauer berichten, dass er seine „kühnsten Gedanken und Erkenntnisse in zügiger Bewegung an der frischen Luft entwickelte". „Bewegung", so Schopenhauer, „gibt körperliche Gesundheit und geistig-seelische Heiterkeit."

Am Ortsausgang von Köthen führt eine Straße in den Wald. Das weiche Licht der Morgensonne fällt durch Zweige und Äste der Weidensträucher, Erlen und Buchen, die aufgereiht das Ufer eines Baches säumen, dann wieder zu Gruppen vereint im saftigen Grün der Wiesen kleine Inseln bilden. Spinnennetzen gleich verfängt sich der Tau an den Halmen von Blumen und Gräsern. Bis dahin lassen wir es ruhig angehen, genießen den Anblick der Pferde in der Koppel, die dicht aneinander gedrängt in der Morgensonne träumen. Rechts am Wegesrand liegt, zu Klaftern aufgetürmt, geschlagenes Holz. Sein harziger Duft mischt sich mit dem würzigen Geruch der Wiesen.

Allmählich finden wir unseren Wander-Rhythmus. Die gleichmäßige Bewegung bringt auf natürliche Weise Wohlbefinden, wirkt befreiend für Körper und Geist.

Vor uns die Ausläufer der Krausnicker Berge. Sie schwingen sich auf relativ kurzer Strecke mit ihrem Gipfel, dem Wehlaberg, zu einer Höhe von immerhin 144 Metern auf.

Die Berge sind Teil der die Spreeaue umgebenden Endmoränen und bilden die Grenze zwischen dem Unterspreewald im Südosten und dem Dahmeland im Nordwesten.

Die Wandertour führt vom südlichen Dorfausgang in die Krausnicker Bergregion, an den malerisch in kleinen Senken gelegenen Heideseen entlang, hinauf zum Wehlaberg.

Wir gehen am ehemaligen Forsthaus vorbei, erreichen den Pichersee, früher auch Förstersee genannt. Noch im ausgehenden 19. Jahrhundert hat man hier aus dem Kienholz Pech gewonnen.

Angler sitzen in stoischer Ruhe am Ufer. Die Heideseen gelten in allen Zeiten als fischreich. Hier kann man Hecht, Zander, Aal, Karpfen, Schlei oder Barsch anlanden.

Der Weg schlängelt sich weiter am Pichersee vorbei. Ihm folgt der Mittelsee. Links führt eine Schlucht in die Berge, die Wolfsschlucht. Während des Dreißigjährigen Krieges bietet die Landschaft am Fuße des Wehlaberges mit ihren undurchdringlichen Wäldern und Sümpfen den Bewohnern von Köthen und Krausnick sicheren Unterschlupf vor Feinden.

Nach kurzer Wegstrecke vor uns der Schwanensee, mit einer Gesamtfläche von zehn Hektar der größte der Heideseen. In einer Waldnische direkt am Ufer befindet sich eine Holzbank,

S. 16–17:
Am frühen Morgen zieht Nebel über den See. Es bricht sich das Licht der aufgehenden Sonne in den Farben Gelb und Orange.

oben und rechts: Naturbelassene Wege führen an den sieben Heideseen entlang in die Krausnicker Berge. Das von Gletschern überformte Relief dieser Region zeigt tief eingeschnittene Erosionstäler, Steilhänge und plateauartige Bereiche.

davor steht ein grob gezimmerter Tisch. Es ist Zeit für eine Rast. Unser Blick geht über den See. Kein Windhauch stört seine Ruhe. Das Spiegelbild vom blauen Himmel mit den kleinen weißen Quellwolken und den Bäumen am Ufer ist klar und unverzerrt. Im See ein Feld von gelben und weißen Rosen. Der Anblick macht trunken. Rundherum Berge, zu deren Füßen der See.

Eine Stimmung für Märchen und Sagen, wie die vom Schatz im Schwanensee. Erzählt wird, dass einst zwei Freunde einen großen Schatz gefunden hatten und diesen über den Wehlaberg schaffen wollten. Doch ihnen war eine große Bürde auferlegt, denn wollten die Freunde den Schatz besitzen, durften sie bei ihrer Aktion kein Wort miteinander wechseln. Die Freunde waren aber nicht allein, denn just in diesem Augenblick wanderte der Pfaffe über den Pfaffensteig von Märkisch Buchholz nach Krausnick und beobachtete das Treiben. Er rief mit lauter Stimme: „Halb part Brüder!" Was das auch jemals bedeuten mag, so war das Malheur doch geschehen und das

Schweigen gebrochen. Es kam wie es kommen musste: Der Schatz setzte sich in Bewegung, rollte in den Schwanensee und sank bis auf den Grund. Dort liegt er wohl heute noch, bewacht von einer verführerisch schönen, aber sehr strengen Fee.

Wir beenden unsere Rast und gehen weiter. Von hier steigt das Gelände bis zum Wehlaberg relativ steil an, immerhin auf kurzer Distanz um rund einhundert Meter. Nach einer Wegstrecke durch den Wald öffnet sich eine Schneise steil nach oben zum Berggipfel. Obgleich außer Atem gekommen, besteigen wir den 35 Meter hohen Aussichtsturm. Eine gut ausgebaute, breite Wendeltreppe führt bis auf die Plattform. Das Panorama überwältigt uns. Weit ins Land geht der Blick über Wälder und Wiesen, einem grünen Teppich gleich, dann wie Flicken hier ein See, da Städte und Dörfer.

Inmitten einer geschlossenen Walddecke verbirgt sich ein kleiner See, fast nur als Tümpel auszumachen. „Was dort so glitzert, das ist der Luchsee", sagt ein Mann neben uns. „Ein kleiner See in einem Kesselmoor, das größte seiner Art im Land Brandenburg."

Jetzt aufmerksam geworden, wollen wir den Luchsee aus der Nähe sehen. Es ist noch Zeit und bis dorthin scheint es keine große Entfernung zu sein, ein Umweg eben. Der Name des Sees ist uns seit Jahren bekannt, in seiner Nähe waren wir

Wo eine Waldlichtung die Sicht frei gibt, überraschen romantische Bilder mit Feldern und Wiesen

noch nie. Er ist klein, hinter Hügeln versteckt, abseits der Touristenzentren im Unterspreewald.

Vom Wehlaberg geht es eine sandige Waldschneise hinunter, steil, vom Regen ausgewaschen, dann gleich wieder hinauf durch den Wald bis zur alten Straße Märkisch Buchholz – Krausnick.

Am Straßenrand markiert ein alter verwitterter Stein als Wegweiser die Richtung nach Krausnick und leitet uns zur Pechhütte, der ehemaligen Teerschwelerei, heute eine kleine Raufe, aus rohem Holz gebaut, wie man sie als Futterstand für Wildtiere kennt. In der Mitte noch Reste einer Feuerstelle mit rußgeschwärzten Blecheimern. Bis Anfang des 19. Jahrhunderts hat man hier Holzteer, Pech und Kienöl gewonnen, wertvolle Produkte als Schmiermittel, zum Abdichten von Holzfässern und Spreewaldkähnen und zur Papierherstellung, unverzichtbar zum Einreiben gegen Gelenkschmerzen bei Mensch und Tier. Die bei der Schwelerei entstandene Holzkohle fand in der Schmiede Verwendung, und der Ruß war ein wichtiger Zusatzstoff zur Herstellung von Druckerschwärze.

Der Luchsee

Wir begegnen Peter Paulick, Forstamtmann des Reviers, Anfang 50, groß und von kräftiger Gestalt. Er setzt sich zu uns, reicht uns die Hand, fragt nach dem Woher und Wohin. Wir geben unser Ziel preis, zum Luchsee und dem Kesselmoor wandern zu wollen, und bitten um Auskunft darüber. „Bei dem Luchsee", so beginnt er zu erzählen, „handelt es sich um eines der schönsten Kesselmoore weit und breit. Während der letzten Eiszeit bildet sich hier ein kleines Gletscherzungenbecken. Darin liegt das Moor in Höhe von rund 53 Metern über dem Meeresspiegel und dehnt sich auf 55 Hektar aus.

Wie es für Kesselmoore typisch ist, befindet sich auch hier in seinem Zentrum ein Restsee, eben der Luchsee. Er verfügt über keinen natürlichen oberirdischen Wasserzufluss oder -abfluss, sondern speist seinen Wasserbedarf lediglich aus dem Grundwasser und dem Regen. Mit nur 450 Metern Länge von Westen nach Osten, 100 Metern Breite und einer maximalen Tiefe zwischen 1,50 bis 1,80 Metern gehört er nicht zu den großen Seen hier im Spreewald."

Auf dem Wehlaberg, die mit 144 Metern höchste Erhebung in den Krausnicker Bergen, befindet sich eine Aussichtsplattform in einer Höhe von 168 Metern ü. NN. Sie bietet einen herrlichen Rundblick über die Naturlandschaft des Unterspreewaldes und des Dahme-Heideseen-Gebietes.

Das Gebiet um den Luchsee ist mit 55 Hektar eines der größten und schönsten Kesselmoore im Bundesland Brandenburg. Doch zunehmende Wasserarmut in der Lausitz lässt den See allmählich austrocknen und gefährdet somit das Moor mit seiner einzigartigen Flora und Fauna.

noch nie. Er ist klein, hinter Hügeln versteckt, abseits der Touristenzentren im Unterspreewald.

Vom Wehlaberg geht es eine sandige Waldschneise hinunter, steil, vom Regen ausgewaschen, dann gleich wieder hinauf durch den Wald bis zur alten Straße Märkisch Buchholz – Krausnick.

Am Straßenrand markiert ein alter verwitterter Stein als Wegweiser die Richtung nach Krausnick und leitet uns zur Pechhütte, der ehemaligen Teerschwelerei, heute eine kleine Raufe, aus rohem Holz gebaut, wie man sie als Futterstand für Wildtiere kennt. In der Mitte noch Reste einer Feuerstelle mit rußgeschwärzten Blecheimern. Bis Anfang des 19. Jahrhunderts hat man hier Holzteer, Pech und Kienöl gewonnen, wertvolle Produkte als Schmiermittel, zum Abdichten von Holzfässern und Spreewaldkähnen und zur Papierherstellung, unverzichtbar zum Einreiben gegen Gelenkschmerzen bei Mensch und Tier. Die bei der Schwelerei entstandene Holzkohle fand in der Schmiede Verwendung, und der Ruß war ein wichtiger Zusatzstoff zur Herstellung von Druckerschwärze.

Der Luchsee

Wir begegnen Peter Paulick, Forstamtmann des Reviers, Anfang 50, groß und von kräftiger Gestalt. Er setzt sich zu uns, reicht uns die Hand, fragt nach dem Woher und Wohin. Wir geben unser Ziel preis, zum Luchsee und dem Kesselmoor wandern zu wollen, und bitten um Auskunft darüber.

„Bei dem Luchsee", so beginnt er zu erzählen, „handelt es sich um eines der schönsten Kesselmoore weit und breit. Während der letzten Eiszeit bildet sich hier ein kleines Gletscherzungenbecken. Darin liegt das Moor in Höhe von rund 53 Metern über dem Meeresspiegel und dehnt sich auf 55 Hektar aus.

Wie es für Kesselmoore typisch ist, befindet sich auch hier in seinem Zentrum ein Restsee, eben der Luchsee. Er verfügt über keinen natürlichen oberirdischen Wasserzufluss oder -abfluss, sondern speist seinen Wasserbedarf lediglich aus dem Grundwasser und dem Regen. Mit nur 450 Metern Länge von Westen nach Osten, 100 Metern Breite und einer maximalen Tiefe zwischen 1,50 bis 1,80 Metern gehört er nicht zu den großen Seen hier im Spreewald."

Auf dem Wehlaberg, die mit 144 Metern höchste Erhebung in den Krausnicker Bergen, befindet sich eine Aussichtsplattform in einer Höhe von 168 Metern ü. NN. Sie bietet einen herrlichen Rundblick über die Naturlandschaft des Unterspreewaldes und des Dahme-Heideseen-Gebietes.

Das Gebiet um den Luchsee ist mit 55 Hektar eines der größten und schönsten Kesselmoore im Bundesland Brandenburg. Doch zunehmende Wasserarmut in der Lausitz lässt den See allmählich austrocknen und gefährdet somit das Moor mit seiner einzigartigen Flora und Fauna.

noch nie. Er ist klein, hinter Hügeln versteckt, abseits der Touristenzentren im Unterspreewald.

Vom Wehlaberg geht es eine sandige Waldschneise hinunter, steil, vom Regen ausgewaschen, dann gleich wieder hinauf durch den Wald bis zur alten Straße Märkisch Buchholz – Krausnick.

Am Straßenrand markiert ein alter verwitterter Stein als Wegweiser die Richtung nach Krausnick und leitet uns zur Pechhütte, der ehemaligen Teerschwelerei, heute eine kleine Raufe, aus rohem Holz gebaut, wie man sie als Futterstand für Wildtiere kennt. In der Mitte noch Reste einer Feuerstelle mit rußgeschwärzten Blecheimern. Bis Anfang des 19. Jahrhunderts hat man hier Holzteer, Pech und Kienöl gewonnen, wertvolle Produkte als Schmiermittel, zum Abdichten von Holzfässern und Spreewaldkähnen und zur Papierherstellung, unverzichtbar zum Einreiben gegen Gelenkschmerzen bei Mensch und Tier. Die bei der Schwelerei entstandene Holzkohle fand in der Schmiede Verwendung, und der Ruß war ein wichtiger Zusatzstoff zur Herstellung von Druckerschwärze.

Der Luchsee

Wir begegnen Peter Paulick, Forstamtmann des Reviers, Anfang 50, groß und von kräftiger Gestalt. Er setzt sich zu uns, reicht uns die Hand, fragt nach dem Woher und Wohin. Wir geben unser Ziel preis, zum Luchsee und dem Kesselmoor wandern zu wollen, und bitten um Auskunft darüber.

„Bei dem Luchsee", so beginnt er zu erzählen, „handelt es sich um eines der schönsten Kesselmoore weit und breit. Während der letzten Eiszeit bildet sich hier ein kleines Gletscherzungenbecken. Darin liegt das Moor in Höhe von rund 53 Metern über dem Meeresspiegel und dehnt sich auf 55 Hektar aus.

Wie es für Kesselmoore typisch ist, befindet sich auch hier in seinem Zentrum ein Restsee, eben der Luchsee. Er verfügt über keinen natürlichen oberirdischen Wasserzufluss oder -abfluss, sondern speist seinen Wasserbedarf lediglich aus dem Grundwasser und dem Regen. Mit nur 450 Metern Länge von Westen nach Osten, 100 Metern Breite und einer maximalen Tiefe zwischen 1,50 bis 1,80 Metern gehört er nicht zu den großen Seen hier im Spreewald."

Auf dem Wehlaberg, die mit 144 Metern höchste Erhebung in den Krausnicker Bergen, befindet sich eine Aussichtsplattform in einer Höhe von 168 Metern ü. NN. Sie bietet einen herrlichen Rundblick über die Naturlandschaft des Unterspreewaldes und des Dahme-Heideseen-Gebietes.

Bereits in den 30er Jahren des vergangenen Jahrhunderts ist das Kesselmoor als ein besonders schützenswerter Biotop bewertet worden.

Nach Mitteilung des Amtsblattes der Preußischen Regierung in Potsdam vom 24. Mai 1941 wurde das Moor um den Luchsee durch die preußische Regierung als Naturschutzgebiet festgesetzt. Schon damals war untersagt, „… die Bodengestalt einschließlich der Wasserläufe oder Wasserflächen … zu verändern oder zu beschädigen". Heute sind das Moor und der Luchsee Naturschutzgebiet, und das Baden, Angeln oder andere touristische Nutzungen sind nicht mehr gestattet.

„Es ist jedoch traurige Realität", meint Förster Peter Paulick, „dass sich als Folge des absinkenden Wasserpegels die Bedingungen für die Existenz des Luchsees dramatisch verändert haben. Die Austrocknung, die der See jetzt erlebt, hat es bisher noch nie gegeben. Allein in den letzten 35 Jahren sank der Wasserpegel um 1,50 Meter. Erhebliche Wassermengen gingen und gehen noch heute dem See und Moorkörper verloren, so dass die Ränder des Moores mehr und mehr verlanden, hier bereits Kiefern wachsen und die Moorfläche bewalden. Damit sind auch Pflanzen und Tiere in ihrer Existenz bedroht. Noch gibt es hier typische Moorgewächse wie den Sonnentau, Sumpfporst, die Moosbeere und leben hier seltene Falter, z. B. der Große Heufalter oder Hochmoor-Bläuling."

Was sind die Ursachen, wollen wir wissen? „Nach Expertenmeinung fallen verschiedene Gründe zusammen", sagt Peter Paulick.

Zum einen weiten sich im Sommer die Niedrigwasserphasen der Spree weiter aus und führen zu erheblichem Wassermangel. Die Folge ist: Grundwasser fließt aus den Höhenlagen der Krausnicker Berge ab und fehlt dem See als Wasserreservoir. Zum anderen haben Meliorationsmaßnahmen dem See Wasser entzogen.

Förster Peter Paulick nennt noch eine weitere Ursache: die Monokultur in Form des großflächigen Kiefernwaldes. Hier im Gebiet des Luchsees stehen auf 500 Hektar zum Teil 40- bis 60-jährige Kiefern eng nebeneinander. Durch ihre dichten, immergrünen Baumkronen dringt kaum Niederschlag in den Boden. Selbst im Winter verdunstet das Wasser. Um die Grundwasserbildung zu unterstützen, hätte man die umgebenden monotonen Nadelwälder in naturnahe Mischlaubwälder umwandeln müssen, resümiert der Forstmann. Doch jahrelang wurde der Wald forstlich vernachlässigt. Jetzt beherrscht die Monokultur Kiefer das Terrain bis an den Rand des Kesselmoores.

Was kann man tun, fragen wir? „Es wird schon viel getan, um den Luchsee zu retten", betont Peter Paulick. Ergebnisse wird man jedoch erst nach Monaten und Jahren vorweisen können. Ein Teil der monotonen Nadelwälder ist bereits gerodet und mit naturnahem Laubwald aufgeforstet. Statt Kiefern wachsen wieder Traubeneichen und Rotbuchen. Diese Waldumwandlung wird die Grundwasserbildung für den Luchsee und sein Kesselmoor fördern.

„Für den Biotop" – so der Förster – „wird noch einiges mehr getan." Die Forstleute werden in mühevoller und zeitaufwendiger Handarbeit den Moorkörper von Kiefern und Birken entkusseln. Und er erklärt, dass die genannten Gehölze auf einem Moorboden eigentlich nicht wachsen können. Mit der Austrocknung haben sich jedoch die Bedingungen verändert. Der Boden ist fester geworden, bietet den Wurzeln den nötigen Halt. Jetzt gedeihen diese Bäume, wachsen bis ins Moor hinein und entziehen ihm zusätzlich die so nötige Feuchtigkeit.

Nachdenklich geworden sagt der Revierförster: „Wir stehen noch am Anfang, brauchen für weitere Projekte Zeit und viel Geld, um das Moor mit seinem See zu retten."

Wir verabschieden uns, gehen weiter in den Wald. Links erheben sich sanfte Hügel, dicht bewachsen mit Blaubeersträuchern. Rechts fällt das Gelände allmählich ab, unten in einer Senke, eingebettet in den Höhenzug der Krausnicker Berge, liegt das Kesselmoor mit dem Luchsee, überwuchert von Bäumen und Sträuchern.

Dann vor uns der See. Wir gehen nur bis an den Rand, vorsichtig, wollen die sensible Vegetation nicht verletzen. Sein Ufer ist dicht bewachsen, so als wollte er sich im Verborgenen schützen. Schilf wächst an den Rändern und ein für uns unbekanntes Gras, in den Farben Gelb und Braun.

Wir stehen nah am Ufer. Uns umgibt eine bis dahin unbekannte Stille. Es ist die Stille der Abgeschiedenheit, ohne Ablenkung und Störung. Sie dringt in uns, zwingt respektvoll zu schweigen.

Ein Satz von Fridel Marie Kuhlmann drängt sich auf, der sagt: „Die Stille ist das Atemholen der Welt!" Nie war dieser Gedanke für uns gegenständlicher als hier. Viele Tausend Jahre ruht der Luchsee nun schon im Kessel des Moores, eingebettet, bescheiden und doch immer bereit, den Tier- und

Das Gebiet um den Luchsee ist mit 55 Hektar eines der größten und schönsten Kesselmoore im Bundesland Brandenburg. Doch zunehmende Wasserarmut in der Lausitz lässt den See allmählich austrocknen und gefährdet somit das Moor mit seiner einzigartigen Flora und Fauna.

Pflanzenarten um ihn herum Quelle des Lebens zu sein. Bisher hat er die Zeiten aus eigener Kraft überdauert. Jetzt braucht der kleine schöne See unsere Hilfe, um Kraft für die Zukunft zu sammeln. Werden wir Menschen dem Luchsee alles geben können, was er zum Atemholen braucht?

Abschied

Wir verlassen den See, behutsam, nachdenklich, in uns gekehrt und wandern zurück zur Straße in Richtung Märkisch Buchholz. Früher war die Straße Grenzweg zwischen Sachsen und Preußen. Denn seit 1556 ist das Gebiet um Krausnick, Köthen und Märkisch Buchholz von der Niederlausitz getrennt, gehört zu Brandenburg. Die Ortschaften Schlepzig, Oderin und Briesen unterstehen dem Herzogtum Sachsen. Reisende haben so ihre Mühe zu unterscheiden, ob sie sich gerade in Preußen oder Sachsen befinden. Als sichtbares Zeichen stellten die Landesherren um 1750 an einer Weggabelung einen Pfahl in den Landesfarben Preußens und Sachsens gleichermaßen auf. Die Einheimischen gaben ihm den Namen „Bunter Stiel". Der Wiener Kongress von 1815 veränderte das Grenzregime. Sachsen muss die von ihm verwalteten Dörfer an Preußen abtreten. Jetzt erinnert ein Granitstein mit der Inschrift „Standort Bunter Stiel; Grenzpfahl Sachsen / Preußen bis 1815" an die ehemalige Grenze.

Am Weg nach Oderin und Märkisch Buchholz steht ein Granitstein zum Gedenken an die Grenzmarkierung im Jahre 1815 zwischen Preußen und Sachsen. Der Grenzpfahl wurde mit den Farben Preußens und Sachsens gestrichen und deshalb von der Bevölkerung „Bunter Stiel" genannt.

Im Brand – so heißt das bezeichnete Revier – stehen zu jener Zeit die Raststätten „Toter Mann" und „Hungriger Wolf". Gruselige Geschichten müssen sich darin zugetragen haben. Handelsreisende auf dem Weg nach Berlin oder Lübben wurden von den Wirtsleuten ausgeraubt und nicht selten getötet.

Und weiter geht es zum Tschibingsee, einem kleinen See, etwa zwei Kilometer südwestlich von Köthen gelegen, versteckt in einem Moränenloch hinter Hügeln und Mischwald.

Nachmittag: Wir beenden für heute unsere Wanderung. Kühn's Gasthaus „Zum Köthener See", eine bekannte und beliebte Adresse für Besucher aus Nah und Fern, lädt zum Verweilen ein. Das Haus wird als Gaststätte bereits in der dritten Generation betrieben. Der Landgasthof öffnet zur warmen Jahreszeit den Biergarten vor dem Haus. Doch wer lieber drinnen sitzt, findet in behaglichen Gasträumen, eher Omas guten Stuben, seinen Platz. In der Ecke der alte Kachelofen, an den Wänden alte Familienbilder und mittelalterliche Lanzen. Alles fügt sich zu einer Einheit, strahlt Ruhe und Geborgenheit aus. Hier ist man herzlich willkommen.

Diese Atmosphäre findet sich auch in der Speisekarte. Hausmannskost nach alten Familienrezepten, wie die Lauchsuppe nach Uroma Bendzulla, Zander, frisch aus dem Köthener See, filetiert und zubereitet nach Oma Hethas Art, sind nur einige Beispiele für die im Gasthaus „Zum Köthener See" liebevoll und einfallsreich gelebte Tradition des alten wendischen Fischerdorfes.

In Köthen, direkt am Dorfplatz, steht Kühn's Gasthaus. In den behaglichen Räumen, eher „Omas guten Stuben", ist der Gast herzlich willkommen. Die Speisekarte mit Wild, Fisch oder Hausmannskost bietet Kulinarisches nach alten Familienrezepten.

27

Es ist Zeit für den Heimweg. Wir gehen noch einmal zum See. Die Luft ist frisch, wohl wegen des leichten Windes, der vom See herüberweht. Über uns noch immer ein blauer Himmel. Die Wanderung durch die Wälder, auf und ab über lange Wege und das gute Mahl in Kühn's Gasthaus haben uns in einen Zustand von Zufriedenheit versetzt. Hier am See sind wir an einem Punkt angelangt, der wie eine Endstation jeden Gedanken an das Weiter nicht zulassen will.

Abendstimmung, der Köthener See im Rot der untergehenden Sonne. Wasserwanderer kehren mit ihren Booten zurück.

Uns umgibt die Ruhe der Natur. Kein Lärm zerstört die Gedanken. Diese Stimmung nimmt uns gefangen. Das Rot der untergehenden Sonne spiegelt sich auf der Fläche des Sees, übt eine große Faszination aus, rührt an Emotionen. Wir nehmen Abschied.

DIE SCHINKELKIRCHE
ZU STRAUPITZ

*Karl Heinrich Ferdinand
Freiherr von Houwald
(1773–1832), Patron der
Herrschaft Straupitz von
1799 bis zu seinem Tode
am 02. Juni 1832. Das
Ölbild wurde vermutlich
von Johann Friedrich
Matthäi (1777–1845),
einem Freund der Fami-
lie von Houwald, gemalt.*

*Karl Friedrich Schinkel
(1781–1841), königlich
preußischer geheimer
Oberbaurat, Baumeister
der Kirche zu Straupitz
von 1828–1832; Zeich-
nung in schwarzer und
farbiger Kreide (o. J.) von
Franz Krüger (1797–
1857)*

Wir wandern von Neu Zauche nach Straupitz, entlang an
Wiesen und Feldern. Mit jedem Schritt dorthin wächst in uns
die Spannung, endlich den Ort mit der so berühmten Schinkelkirche zu erreichen. Doch es ist noch ein Stück des Weges,
am Neuzaucher Weinberg vorbei, einer Endmoräne der letzten Eiszeit, die mit neunzig Metern Höhe die umliegende
Landschaft deutlich dominiert. Erste Besiedlungen hat es hier
schon weit vor der Zeitenwende gegeben. Davon zeugen
Bronzegegenstände, die ein Bauer im Jahre 1883 gefunden
hat. Sie lagen in einem Tontopf nur drei Fuß unter der Erd-
oberfläche und werden der Lausitzer Kulturzeit von 1400 bis
1500 vor Christi zugeordnet.

Wir gehen auf den Weinberg. Von oben geht der Blick in die
Weite der Landschaft mit üppigen spreewaldgrünen Wiesen
und Wäldern, fruchtbaren Feldern und Auen. Vor uns liegt
Straupitz. Das Licht reflektiert von den Dächern der Häuser
ein Rot und Grau. Es ist früher Nachmittag. Die Sonne steht
hoch und versetzt die Lüfte in ein gleißendes Hell, dem nur
der wolkenlose Himmel ein leichtes Blau verleiht. Doch dann
trauen wir unseren Augen nicht: Zwei hell strahlende Kirchtürme präsentieren sich frei und beherrschen den Raum. Alles
andere um sie herum scheint in die Bedeutungslosigkeit zu
versinken.

Endlich in Straupitz. Gepflegte Straßen und Häuser, bunte
Vorgärten und reichhaltig Laubbäume überall. Ein schönes
Dorf am Nordrand des Oberspreewaldes. Angekommen, ste-
hen wir auf dem Platz direkt vor der Kirche.

Der damalige Standesherr Karl Heinrich Ferdinand Freiherr
von Houwald (1773 – 1832) ließ das sakrale Kirchengebäude
in den Jahren 1828 bis 1832 nach Plänen des königlich preußischen geheimen Oberbaurates Karl Friedrich Schinkel (1781
– 1841) errichten. Die Dorfkirche zu Straupitz ist ein Meisterwerk des Klassizismus und gehört zu den herausragenden
Sehenswürdigkeiten des Spreewaldes.

*Blick auf Straupitz mit
den hell strahlenden
Kirchtürmen im Hinter-
grund*

Überwältigt

Die Sonne scheint von Südwest über die Türme der Kirche. Ihr Licht verfängt sich in der Mitte und lässt von der Attika Schatten auf die Straße vor dem Hauptportal fallen.

Auf den ersten Blick erinnert die stattliche Zweiturmanlage an eine altrömische Basilika, drängt aber auch Parallelen zur Friedrichswerderschen Kirche in Berlin auf, ebenfalls eine Zweiturmanlage.

Zufall? Ist Schinkel bei den Plänen für das Gotteshaus von Italien inspiriert? Schließlich durchstreift er auf seinen Reisen das Land, skizziert Gebäude und Städte, malt Landschaften, lässt keinen Tempel, keine antike Ausgrabungsstätte unbesehen. Städte – wie das Ewige Rom – nehmen ihn gefangen.

Die Kirche zu Straupitz nur eine „Nachahmung" italienischer Vorbilder oder ein „modifiziertes Duplikat" der Friedrichswerderschen Kirche? Undenkbar! Schinkel verabscheut die „Maskerade" – wie er es nennt. Unter seinen Händen entsteht keine bloße Wiederholung von bereits Vorhandenem, er schafft immer Neues. Wie dem auch sei: Hier in Straupitz steht ein klassizistischer Kirchenbau in maßgesetzten Formen mit großer Würde. Der Grundriss ist ein langes Rechteck, das Dach ein Satteldach und um den Bau herum ziehen sich zwei Kämpfergesimse und ein Kranzgesims wie als horizontale Auflösungen der vertikalen Segmente. Jeweils an den Seitenwänden befinden sich drei Bogenfenster. Sie geben dem Bau eine klare und schlichte Gliederung. Die Chorseite wird durch einen einfachen Giebel geschlossen.

Wir sind offen für die Begegnung mit diesem Gotteshaus, umrunden es, nehmen seine ganze Größe und Pracht wahr. Langsam nähern wir uns der Vorderseite. Hinter Laubbäumen erheben sich zwei quadratische, 40 Meter hohe Türme, mehrgeschossig, besonders reich mit Bogenfenstern ausgestattet und oben abgeflacht.

Unten verläuft eine Freitreppe. Sie nimmt die ganze Breite der Kirche ein und führt auf drei Rundportale zu. Über dem mittleren Durchgang befindet sich als Inschrift der Schriftzug LOBET DEN HERRN IN SEINEM HEILIGTHUM; LOBET IHN IN DER VESTE SEINER MACHT! ALLES, WAS ODEM HAT; LOBE DEN HERRN; HALLELUJA! PSALM 150. V. 1. UND 6.

Die Fassade ist orthogonal gestaltet. Eigentlich müsste oben zwischen den Türmen das Giebeldreieck des Daches zu sehen

rechts:
Die Schinkelkirche zu Straupitz, eine Zweiturmanlage, ist ein Meisterwerk des Klassizismus und eine der herausragenden Sehenswürdigkeiten des Spreewaldes. Das Hauptcharakteristikum dieser Kirche sind innen wie außen die Bogenmotive.

sein. Doch Schinkel wollte das System des Rechtecks an der südwestlichen Seite nicht durch die Schrägen des Satteldaches stören. Deshalb hat er das zwischen den Türmen befindliche Giebeldreieck mit einer nach oben gerade abschließenden Attika abgedeckt.

Der Innenraum

Über eine Treppe gelangen wir ins Innere der Kirche. Der Innenraum erstrahlt im Licht des Tages. Es ist ein weich modelliertes Licht, das die Kirche vom Eingang bis hin zur Apsis am Gebäudeabschluss ausfüllt. Das große Kirchenschiff ist mit jeweils drei raumhohen Rundbogenarkaden ausgestattet, in denen an den Seiten Emporen eingefügt sind. Der Raum ist durchweg hell.

*Am Ende des Kirchen-
schiffes befindet sich
der Altarraum mit
Apsis, die von einer
kassettierten Halbtonne
überwölbt wird. An der
Rückwand sind fünf
mannsgroße Ölgemälde
von dem Historienma-
ler Johann Friedrich
Matthäi und dessen
Schüler Johann Karl
Baehr angebracht.
Links ist im Bild die
Stütze der Kanzel zu
sehen, eine dorische
Säule. Sie trägt den
schlichten Kanzelkorb.*

Wir schauen vom Eingang ins Kircheninnere, tasten uns mit
den Augen vor bis hin zur Kanzel. Die Stütze der Kanzel, eine
dorische Säule, trägt einen schlichten Kanzelkorb, ohne Ver-
zierung seiner Fläche. Höhe und Form fügen sich in ihren
Proportionen in den Kirchenraum ein.

Das Kircheninnere, ein luftiger Raum, ist Pracht und Zurück-
haltung, Einfachheit und künstlerische Kostbarkeit, ehr-
fürchtig und fesselnd zugleich. Die überwältigende Wirkung
nehmen wir wahr als eine Folge des harmonischen Ord-
nungsprinzips der Kirche, der Synthese von Baukunst und
Licht.

Ob Schinkel bei seinen Planungen über das Innere der Kirche
solche Ziele anstrebte, wissen wir nicht. Belegt ist aber, dass er
eine von Licht durchflutete Kirche bauen wollte. In einem

*S. 34:
Das große Kirchenschiff
ist mit jeweils drei
raumhohen Rundbogen-
arkaden ausgestattet, in
denen an den Seiten
Emporen eingefügt sind*

Altar

Brief vom 12. November 1826 an den Kirchenpatron v. Houwald spricht er davon, in die Kirche „gutes Licht" einzubringen.

Schinkel hat sich in der Zeit, als die Kirche zu Straupitz errichtet wurde, intensiv mit dem Thema Raum und Licht beschäftigt. Eine wiederkehrende Erfahrung war für ihn, dass falsches Licht, zum Beispiel hartes Schlaglicht mit kantigen Schatten, oder wenig Licht die Wirkung eines Raumes zerstört, ja sogar ruiniert.

Aufwendige Studien über Licht und Raum führten ihn nach Italien, Frankreich und England. Er betrieb sie vorrangig zu dem Zweck, ein optimales Licht für das damals in Bau befindliche Alte Museum im Berliner Lustgarten zu finden. Mit reichen Erkenntnissen kam er nach Preußen zurück, die offensichtlich beim Bau der Kirche in Straupitz zur Anwendung kommen.

Am Ende des Kirchenschiffs befindet sich die Kanzel mit Altarraum und Apsis, die – gestaltet nach Entwürfen Schinkels – von einer kassettierten Halbtonne überwölbt wird. Die in Blau gehaltene Decke vermittelt bei einem Blick nach oben

den Eindruck von Unendlichkeit, wirkt wie eine durchlässige Membran zum Himmel. Ein fühlbares Spannungsfeld entsteht: Vor uns auf dem Altartisch der Gekreuzigte auf der Erdkugel und oben verliert sich der Blick im Unendlichen.

Diese Stimmung nimmt uns gefangen. Der Blick gleitet über die Rückwand der Apsis. Fünf mannsgroße Ölgemälde befinden sich dort: Christus der Erlöser im Zentrum, Johannes der Täufer und Apostel Petrus links sowie der Evangelist Johannes und Apostel Paulus rechts.

Ein älterer Herr stellt sich neben uns, Wilfried Weber, Straupitzer von Geburt an. Seit vielen Jahren schenkt er der Kirche seine ganze Aufmerksamkeit und ist zu den Öffnungszeiten sachkundiger Gesprächspartner für Besucher. Auch wir profitieren von seinen Kenntnissen, fragen, wer die Bilder im Altarraum gemalt hat. „Es sind Werke des Dresdner Historienmalers Johann Friedrich Matthäi und dessen Schülers Johann Karl Baehr", klärt uns Wilfried Weber auf. Matthäi, Professor an der Malerakademie zu Dresden, gehört zeitweilig zur Gruppe der „Nazarener", jene Maler also, die religiöse Motive bevorzugen.

Wir gehen weiter und betrachten die Patronatsloge. Sie befindet sich rechts vom Altar, gegenüber der Kanzel. In dieser Kirche fällt etwas auf, was bei Kirchen mit solchen Logen ungewöhnlich ist: Die Patronatsloge ist niedriger angebracht als der Kanzelkorb. Also predigt der Pfarrer von oben auf die Herrschaft!

links:
Der heute genutzte Taufstein – aus Terrakotta gefertigt – stammt aus dem Jahre 1880

rechts:
Ludwig-Hartig-Orgel aus dem Jahre 1853, in den folgenden Jahrzehnten mehrfach rekonstruiert

S. 36 unten:
Christus als Erlöser mit der Heiligen Schrift in der Hand.
Apostel Paulus hält das Schwert und verweist damit auf dessen Martyrium.

Das Epitaph mit Inschrift und Wappenrelief für General Christoph von Houwald, dem Begründer der Herrschaft Houwald in Straupitz, befindet sich in der Kirche unter der Orgelempore

Wilfried Weber sagt: „Es war wohl das Verlangen des Kirchenpatrons v. Houwald. Der Standesherr wollte sich nicht über die Gemeindemitglieder stellen, die im Kirchenschiff und auf den Emporen sitzen."

Erst Monate später fällt uns ein Brief Schinkels an den Kirchenpatron vom November 1826 in die Hand mit einem Vermerk, der die These Wilfried Webers zu bestätigen scheint. Im bezeichneten Brief schreibt Schinkel: „Die herrschaftliche Loge ist nun ganz in gewünschter Art angebracht."

Wilfried Weber führt uns zum Taufbecken aus der Entstehungszeit 1832, das nicht mehr im Gebrauch ist, und zu einem zweiten von 1880, aus hellgelbem Terrakotta gefertigt, mit reichlich Schmuck verziert. Danach bewundern wir die Orgel und gehen in den Seitenraum, in dem sich an den Wänden die Grabmäler aus den Jahren 1661 bis 1815 befinden, die bis auf eine Ausnahme für die Familie v. Houwald aufgestellt worden sind.

Begegnung mit dem langjährigen Dorfchronisten

Wir verlassen die Kirche, bummeln zum ehemaligen Schloss der v. Houwalds, einem klassizistischen Bau von 1790, heute Grundschule. Doch die Kirche beherrscht die Gedanken. Fragen drängen sich auf nach den Umständen, unter denen hier ein derart monumentales Kirchengebäude errichtet werden konnte. In der Touristeninformation erhalten wir die Empfehlung, darüber mit Helmut Bittner zu sprechen, einem Kenner der Geschichte von Straupitz.

Ein Gespräch kommt schnell zustande. Wir treffen Helmut Bittner vor der Kirche. Er ist Mitte 70, groß und von sympathischer Ausstrahlung. Helmut Bittner lädt uns zu sich nach Hause ein. Seine Frau Anneliese heißt uns willkommen. Wir setzen uns an den Tisch in dem gemütlich eingerichteten Wohnzimmer, genießen jene sprichwörtliche Gastfreundschaft, die im Spreewald als Tugend hoch geachtet wird und die wir noch oft erleben werden. Diverse Unterlagen, Fotomaterial und historische Dokumente liegen bereit.

„Straupitz", so beginnt Helmut Bittner zu erzählen, „ist urkundlich seit 1294 bezeugt. Erste Ansiedlungen datieren weit früher. Denn hier wurden Waffen und Gerätschaft aus Eisen gefunden, die nach Expertenmeinung aus dem 2. Jahrhundert nach der Zeitenwende stammen.

Die slawischen Wenden kamen wohl erst im 7. Jahrhundert in dieses Gebiet, machten das Land urbar, lebten als Fischer und Bauern. Einen besonders dynamischen Aufschwung erlebt Straupitz seit dem 17. Jahrhundert."

Es sind vor allem die v. Houwalds, die in ihrer 300-jährigen Standesherrschaft von 1655 bis zur Enteignung 1945 großen Einfluss ausüben und insbesondere im 18./19. Jahrhundert die wirtschaftliche, politische und soziale Entwicklung prägen. In dieser Zeit lassen sich viele Handwerker nieder, wie Schneider, Tischler, Schuhmacher, Schmiede und Schlosser, aber auch seltene Berufsgruppen, darunter Röhrenmeister oder Bockpfeifenmacher.

Helmut Bittner sagt: „Sie sind insbesondere an der Geschichte unserer Kirche interessiert. Wie kann ich helfen?"

Was die Kirche betrifft, interessiert uns alles, vor allem warum sie gebaut wurde und wie hier dieses monumentale Bauwerk entstehen konnte? Bedenkt man: Preußen ist arm, leidet noch unter den verheerenden Folgen des Napoleonischen Befreiungskrieges. Im Spreewald ist die Lage keineswegs anders.

Die ehemalige Wasserburg der Familie v. Houwald in Straupitz wurde Ende des 18. Jahrhunderts durch einen schlichten klassizistischen Schlossneubau ersetzt. Heute wird das Gebäude als Grundschule genutzt.

Aufzeichnungen des Zeitzeugen Friedrich August Schmalfuß aus Straupitz belegen, dass es eine verhängnisvolle Zeit ist, die nahezu alle gesetzliche Ordnung auflöst und auch in dieser Region die Menschen ins Elend stürzt. Obwohl alle Anstrengungen von Nöten sind, um allerorts die Armut zu lindern, ist es in Preußen zugleich dringend geboten, die in Jahrhunderten marode gewordenen Dorfkirchen vor dem Zerfall zu retten oder sogar neue zu errichten. Aber überall fehlt das Geld. Und so sehen sich König und Staat zu Sparmaßnahmen gezwungen.

Deshalb erlässt die preußische Regierung eine Staatsorder, wonach die Herrichtung einer Dorfkirche auf 7 000–8 000 Taler begrenzt werden muss. Und Preußens König Friedrich Wilhelm III. verfügt, dass für die Dorfgemeinden eine Art „Einheitskirche" geplant und gebaut werden soll, weil ein „Einheitstyp" deutlich billiger zu erstellen ist als Kirchengebäude in unterschiedlicher Ausführung.

Dann drängt der König seinen Baumeister Schinkel, einen Prototyp für die neuen Dorfkirchen zu entwerfen. Schinkel muss der Aufforderung Folge leisten und legt 1825 einen entsprechenden Entwurf vor.

Welche Folgen haben diese Entscheidungen für den Herrschaftspatron v. Houwald und dessen Projekt, den Neubau einer Kirche in Straupitz?

Helmut Bittner empfiehlt uns in diesem Zusammenhang die Geschichte von Straupitz, verweist auf Chroniken aus dem Jahre 1832, erstellt vom damaligen Hofrichter und Chronisten F. G. S. Rödenbeck zum Gedächtnis der Einweihung der Kirche, sowie von 1993 zur Einweihung nach der Restaurierung. Dann erzählt er: „Die Kirchengeschichte lässt sich nur im Zusammenhang mit derer v. Houwald erklären. Sie haben den Kirchenbau historisch vorbereitet, dann initiiert und mitgeprägt. Die Familie ist kein alteingesessenes Adelsgeschlecht der Niederlausitz. Erst unmittelbar nach dem Dreißigjährigen Krieg im Jahre 1655 kauft der ehemalige königlich schwedische, dann polnische General Christoph v. Houwald die Herrschaft Straupitz. Er leistet eine große Aufbauarbeit, baut zerstörte Dörfer auf, besiedelt sie, macht verwahrloste Felder nutzbar. Auf seine Veranlassung entsteht zwischen 1655 bis 1658 eine neue Fachwerkkirche, separat mit einer deutschen und wendischen Halle."

Die Fachwerkkirche ist schon Ende des 18. Jahrhunderts baufällig und einsturzgefährdet. Eine neue Kirche muss entstehen, zumal der mittelalterliche Bau viel zu klein geworden ist. Die Standesherrschaft Straupitz hat sich über die Jahre mit einer Bevölkerungszahl von insgesamt 2 682 Menschen deutlich vergrößert. Helmut Bittner verweist auf die Chronik von 1832, in der F. G. S. Rödenbeck festhält: „Die Zeit, die wieder auflöset, was Menschen schaffen, … hatte auch schon zu Ende des vorigen Jahrhunderts ihre zerstörende Macht an unserer Kirche bewiesen, so daß der Thurm abgetragen werden mußte. Dieses und der Mangel an Raum für die immer zunehmende Bevölkerung wurde schon damals gezählt, und mahnte seitdem immer dringender an die Notwendigkeit, ein neues Gotteshaus aufzubauen …"

Die Kirche erhält Gestalt und Seele

Hat ein Gebäude eine Seele? Können Gebäude sprechen? Die Antwort ist – ja. Ein Gebäude erhält seine Seele durch die Menschen, die es bauen, von denen, die es nutzen. Gebäude sprechen mit ihrer Geschichte, der Architektur und Sinngebung. Die Kirche zu Straupitz ist Zeugnis dafür. Maurer, Zimmerer, Maler, Dachdecker, Bauleiter und Baubegleiter errichten sie in mühevoller Arbeit. Die Kirchgemeinde nutzt das Gotteshaus nach ihren Bedürfnissen.

Es ist jedoch vor allem die ethische und kulturell-künstlerische Kompetenz der Protagonisten Karl Heinrich Ferdinand Freiherr v. Houwald und Karl Friedrich Schinkel, die dem Kirchengebäude seine Größe, Formensprache, Ästhetik und Funktionalität geben.

Es ist das Jahr 1826. Der Herrschaftspatron entschließt sich, eine neue Kirche für das Kirchspiel Straupitz zu bauen. Nach seinen Vorstellungen soll das Gotteshaus als ein „Tempel in einem einfachen, aber der Würde seiner Bestimmung angemessenen Stil und für Jahrhunderte ausgeführt werden", und für 1 700 Christen bemessen sein. Wahrlich ein mutiges Unterfangen, aber längst nicht die Norm für den Adel dieser Jahre. Denn anderswo lassen Herrschaftsfamilien ihre Schlösser prunkvoll renovieren.

In Straupitz wird dagegen ein recht aufwendiger Kirchenneubau betrieben. Warum ein Gebäude für 1 700 Menschen? Welche Motive treiben den Kirchenpatron zu solch kostspieligem Unternehmen im Interesse der gesamten Kirchgemeinde? Die Entscheidung ist sicherlich nicht ausschließlich aus der Not geboren und kann auch nicht nur auf den dringenden Bedarf an einem neuen Kirchengebäude allein reduziert werden. Der Grund dafür muss tiefer liegen: in den Menschen selbst, ihrer Geschichte, den geistig-weltanschaulichen Auffassungen und Normsetzungen der Akteure.

Auf der Suche nach Antworten führen uns unsere Studien zunächst zurück in die Familiengeschichte, damit zum Gründer der Straupitzer Herrschaft General Christoph v. Houwald und seinem umfassenden Aufbauwerk in Straupitz. Fragt man nach den Beweggründen seiner Arbeit, so sind es in erster Linie wohl christliche Werte, die sein Handeln bestimmen. Dafür spricht auch eine etwas ungewöhnliche Eintragung im Testament des Generals von 1661. Ungewöhnlich, weil sein letzter Wille die Generationen der Familie v. Houwald zu dem christlich-ethischen Moralkodex verpflichtet, „gegen die Armen und Nächsten, gegen alle Menschen ein christlich freundliches, auch Friede liebendes Gemüt verspüren zu lassen und sich nicht durch falschen Schein trügen und zu Üppigkeit und Ungerechtigkeit verleiten zu lassen". Ist das der Grundstein für Leitorientierung und Handeln der v. Houwalds über Generationen hinweg?

Der Patron Karl Heinrich Ferdinand Freiherr v. Houwald steht in der Tradition des Testamentes. In einer Familie mit solchen Sinngebungen aufgewachsen, ist es später das Studium am Pädagogium in Halle, einem Teil der berühmten Franckeschen Stiftung, das ihn formt. Hier werden er wie auch seine zwei Brüder im Geist des Pietismus gebildet und erzogen, einer Reformbewegung im Bereich der evangelischen Kirchen, die großen Wert auf persönliche Frömmigkeit legt, Fürsorge und Nächstenliebe als Lebensmaxime postuliert, verbunden mit Verzicht auf Luxus und weltliches Vergnügen.

Das prägt den Herrscher und die Familie insgesamt. Chronisten bezeugen ein umfassendes wirtschaftliches, politisches und soziales Engagement, belegen es mit der Gründung neuer Dörfer und Förderung der Gemeinden, mit dem Auf- und Ausbau von Sozial- und Bildungseinrichtungen, von Wirtschaftsunternehmen wie die Hauptsparkasse der Niederlausitz in Lübben.

Aber konnte das Vermächtnis von 1661 die Jahrhunderte überdauern? Wir fragen Zeitzeugen. In Straupitz lebt Marie Kieper, weit über 80 Jahre, die sich an die Familie v. Houwald gut erinnert. Wir treffen Marie Kieper. „Ich bin 1923 in Strau-

pitz geboren. Natürlich habe ich die Familie v. Houwald noch erlebt. Mein Urgroßvater und Großvater arbeiteten für die Herrschaft als Schäfer. Und nach dem 1. Weltkrieg war der Vater in deren Sägewerk Neu Zauche tätig. Für die armen Leute im Dorf wurde viel getan. Meine Mutter hat mir erzählt, dass die v. Houwalds zur Unterstützung der Armen einen Lebensmittelfonds eingerichtet hatten, Kranke und Hilfsbedürftige mit Mittagessen versorgten, und die Angestellten wie mein Urgroßvater, Großvater und Vater bekamen jedes Jahr zu Weihnachten kleine Bescherungen. Wenn geheiratet wurde, dann schenkte die Herrschaft den jungen Bräuten einen Teil der Aussteuer wie Handtücher, Bettwäsche oder Geschirr. Das war alles teuer und für die einfachen Leute ein großes Geschenk. Die v. Houwalds galten als bescheidene Familie. Das war bei der Familie so drin. Wir haben es jedenfalls nicht anders in Erinnerung."

Zurück zum Kirchenbau: V. Houwald teilt den Gemeinden seinen Entschluss über den Kirchenneubau mit und lässt abstimmen. „Obgleich nicht übersehen wurde", berichtet der Chronist von 1832, „daß die Ausführungen dieses Unternehmens nicht geringe Anstrengungen und Kosten erfordern würden, so entschied doch dafür die Erwägung, daß ein auf die längste Dauer berechneter Bau der Wohlfeilste sei …"

Blick über den kleinen Hafen von Straupitz. Links ist der Kornspeicher zu sehen, der Ende des 18. Jahrhunderts erbaut wurde. Seit 2005 wird das historische Gebäude für Ausstellungen, kulturelle Veranstaltungen und als Töpferwerkstatt genutzt.

Die Entscheidung ist gefallen. Drei Dinge gilt es jetzt schnell zu klären: Wer wird Baumeister, wie hoch werden die Baukosten und woher soll das Geld kommen?

V. Houwald wendet sich an Karl Friedrich Schinkel. Das liegt nahe, denn ob der König oder niedere Adel, die Kaufmannschaft oder staatliche Behörden – es sind alle Schichten bestrebt, Schinkel als Baumeister für Neu- oder Umbauten, für Entwürfe von Möbeln und anderen Gebrauchsgegenständen zu gewinnen.

Am 28. Oktober 1826 erläutert v. Houwald in einem Brief an den Baumeister sein Anliegen und schreibt: „Meine Absicht ist keineswegs, ein Prachtgebäude aufzuführen, sondern nur eine freundliche Dorfkirche, einfach und prunklos, aber in Form und Einrichtung geschmackvoll und zweckmäßig. Die Lösung dieser Aufgabe ist, wie ich wohl fühle, nicht leicht. Aber der Meisterhand, welche bereits so viel Herrliches schuf, wird sie dennoch gelingen, und diese Überzeugung bestimmt mich, auch an Ew. Wohlgeboren die ergebenste Bitte zu richten, mir für den gedachten Zweck gefälligst einen Riß (Zeichnung – d. Verf.) nebst Kostenanschlag zu fertigen."

Damit Schinkel planen kann, fügt v. Houwald dem Brief eine Beilage an, in der er Schinkel mit einer Reihe von Details und Bedingungen vertraut macht. So darüber, dass er die äußere Form des Kirchengebäudes Schinkel überlassen wolle, nur dürfe sie nicht rund oder achteckig sein, müsse einen Turm haben, dass die Kosten in Anbetracht der verhältnismäßigen Armut der Kirchfahrt 6.000 bis 8.000 Taler nicht übersteigen dürfen, dass die Kirche wenigstens 1700 Menschen fassen müsse, dass er keine gewölbte massive, sondern eine gewölbte Rohrdecke wünsche.

Wie würde Schinkel das Ansinnen aufnehmen? Schließlich ist er wegen der vielen Aufträge nicht zuletzt der Königsfamilie derartig überlastet, dass es fraglich scheint, ob er sich der Aufgabe in Straupitz stellen kann. Schinkel ist ein rastlos arbeitender, nachdenklicher Mensch. Sein Geist kommt nicht zur Ruhe, er plant, entwirft, sucht Neues. Wie wohl kaum ein anderer hat er das Land Preußen architektonisch gestaltet. Das Berliner Schauspielhaus, das Alte Museum, die Neue Wache, die Bauakademie oder Schlösser wie Glienicke und Babelsberg sind einige Beispiele für sein künstlerisches Genie. Doch „das Genie schafft nicht lediglich aus sich selbst", schreibt Theodor Fontane bezogen auf Schinkel in den Wanderungen durch die Mark Brandenburg. Schinkels Persönlichkeit formt sich unter dem Einfluss von führenden Geistesgrößen seiner Epoche, so von Friedrich Gilly, Brentano, von Savigny, Tieck, Rauch, Beuth, Schadow, Langhans, Erdmannsdorf oder Gentz. Johann Wolfgang von Goethe und Wilhelm von Humboldt nehmen im Leben Schinkels einen besonderen Platz ein. Er steht mit beiden über viele Jahre im vertrauten Dialog. Aus allem schöpft sich Schinkels philosophische und künstlerische Gedankenwelt. Immer vertraut mit den neuesten und fortgeschrittensten Ideen der Zeit wird der Mensch Schinkel zu einem „vollendeten Bild echter Humanität", wie der Weggefährte Ludwig Hagen berichtet.

Nach Kenntnis dessen, wie sich Schinkel zu neuen Herausforderungen verhält, ist zu erwarten, dass er den Auftrag für den Bau der Dorfkirche zu Straupitz annimmt.

Motivierend für den Baumeister könnte hierbei sein, dass v. Houwald ihm freie Hand über die Gestaltung des Kirchengebäudes in Aussicht stellt. Das muss Schinkel beeindrucken, weil zu seinem Leidwesen viele seiner genialen Ideen sowie so manche gehaltvolle Baukunst vom preußischen Königshaus zusammengestrichen oder ganz verworfen werden. Dagegen erweist es sich als klug und weitsichtig, dem Baumeister für den Kirchenbau weitgehend künstlerische Freiheit zu gewähren. Denn Schinkel ist ein Baumeister, der es wie kaum ein anderer seiner Zeit versteht, die Erwartungen des Bauherrn mit dem Zweck des Bauwerks und einer vollendeten Baukunst zu verbinden. In diesem Zusammenhang spricht Schinkel selbst davon: „Das Ideal in der Baukunst ist nur dann völlig erreicht, wenn ein Gebäude seinem Zweck in allen Teilen und im Ganzen in geistiger und physischer Rücksicht vollkommen entspricht."

Nur wenige Wochen nach der Anfrage des Kirchenpatrons übermittelt Schinkel in einem Brief vom 12. November 1826 ein positives Votum. Bereits mit diesem Schreiben übersendet er eine Entwurfsskizze für die zu errichtende Kirche, benennt detailliert die Schwierigkeiten, die einem Bau der Größenordnung von 1 700 Plätzen anhaften und zeigt dafür eine Reihe von Lösungen auf. So schlägt er den Einbau einer zweiten Empore vor, damit „ …in dem Gebäude 1.300 Sitzplätze gewonnen werden" können und äußert, dass „… der Quadratfuß eines solchen Gebäudes nicht für 1 Rtlr. (Reichstaler – d.Verf.) beschafft werden kann,…(und) hiernach würde jedenfalls die ausgesetzte Summe von 6 000 bis 8 000 Tlr. unzulänglich seyn", dass „eine gewölbte Decke das Gebäude noch höher und kostbarer machen" (würde) und dass „…das Schiff der Kirche mit flacher Cassetten-Decke, die Altar-Nische mit einem halben Kugel-Gewölbe versehen worden" ist.

Schinkel lässt den Kirchenpatron weiterhin wissen, dass eine Zweiturmanlage weit kostengünstiger ist und dass ein gutes Licht eingebracht werden muss. Hinsichtlich der Kosten schreibt Schinkel, dass „… im Falle die Summen zu bedeutend werden, (sich) noch Verringerungen am Gebäude vornehmen ließen, bis die Mittel und der Zweck des Gebäudes zu möglichster Zufriedenheit balancirt sind." Und er rät, jetzt als erstes einen konkreten Plan erarbeiten zu lassen.

Mit den Vorschlägen Schinkels steht außer Frage, dass er unter den konkreten Gegebenheiten in Straupitz nach einem optimalen Verhältnis von Architektur, Kosten und Bauaufwand strebt. Er plant zugleich eine höchstmögliche Zahl von Sitz- und Stehplätzen und entspricht somit den Wünschen und Erwartungen des Kirchenpatrons.

In Straupitz kommt der Bauherr v. Houwald nicht umhin, seine Vorstellungen von der Gestaltung des Baukörpers oder des Innenraums zu überdenken. Nach reiflichen Überlegungen gibt v. Houwald Schinkels Entwurf den Zuschlag.

Es ist Sommer 1827. Schinkel beauftragt in Berlin den Baukondukteur A. Brix, die Zeichnungen anzufertigen und eine Aufstellung der Kosten vorzunehmen. Auch das braucht nur wenige Wochen. Wie der Chronist Rödenbeck mitteilt, ging bereits am 27. September 1827 der nach Anweisung des Geheimen Oberbaurats Schinkel von Brix angefertigte Riss ein, der dann am 7. Oktober 1827 den Vorstehern der Dörfer vorgelegt und von ihnen anerkannt worden ist.

Dieser Riss wird – wie überliefert – „der Königlich Hochlöblichen Regierung in Frankfurt a.d.O. eingesendet, und es erfolgte am 22. November 1827 die hohe Genehmigung unter Bezeichnung ihres besonderen Beifalls".

Was die Baukosten betrifft, ist – wie Schinkel in seinem Schreiben hervorhebt – an die Summe von 6.000 – 8.000 Taler längst nicht mehr zu denken. Erste Kostenaufrechnungen bringen höhere Summen zustande. Wer würde aber die Mittel begleichen? Aber auch hierin erweist sich v. Houwald als ein Herrschaftspatron mit Verantwortungsbewusstsein. In der Chronik von 1832 heißt es dazu, dass „… zur Begleichung der Baukosten die bestehenden allgemeinen Gesetze zugrunde gelegt werden sollen, und infolge deren nach Erschöpfung des –

ohnehin geringen – Kirchenvermögens, er, der Herr Kirchenpatron, selbst zwei Drittel, theils durch Barzahlungen, theils
durch Lieferung der Materialien aus seinen Forsten und Zie-
geleien zu den billigsten Preisen, beitragen wollte, die Gemei-
nen (Bauern, Kossäthen, Büdner, Häusler – d. Verf.) aber die
Fuhren und Handdienste leisten, und ein Drittel der übrigen
Baukosten übernehmen sollten."

Ein halbes Jahr geht noch ins Land. Am 13. April 1828 findet
in der alten Dorfkirche letztmalig Gottesdienst statt. Danach
wird in nur wenigen Tagen das baufällige Kirchengebäude
abgetragen.

Am 02. Mai 1828 ist die Grundsteinlegung für den neuen Kirchenbau, der später als Schinkelkirche zu Straupitz weit in
die Spreewaldregion hinein das Landschaftsbild prägen wird.
Wie zu erwarten, gibt es während der Bauphase eine Reihe
von Hindernissen zu überwinden. Nach der Chronik von
1993 hat Schinkel in seinen Entwürfen noch so manches
Kunstvolle für den Kirchenbau geplant, was dann aus
Kostengründen geändert oder sogar ganz gestrichen worden
ist. Dabei muss er wohl auch Abänderungen akzeptieren, die
ihn schmerzlich treffen. Schließlich beschränkt Schinkel seine Architektur nicht nur auf den umbauten Raum, auf die
Anbringung von Trägern oder Säulen, sondern behält auf
eine mustergültige Weise immer im Blick, dass sich die künst-
lerisch-ästhetische und geistige Botschaft eines Bauwerkes
vertiefen und bereichern lässt, wenn es mit figürlichem
Schmuck versehen wird. Das hat er offensichtlich auch bei seinen Entwürfen für Straupitz im Sinn. So will er das Eingangs-
portal mit Figurenschmuck verzieren, beabsichtigt im Inneren der Kirche Reliefschmuck anzubringen sowie den Altarraum und die Kirchenschiffdecke mit einer Stuckgliederung
zu gestalten.

Das alles fällt leider dem Rotstift zum Opfer. Wie die Chronik von 1993 berichtet, ist Schinkel jedoch zu keiner Zeit
bereit, am Kirchenbau wesentliche Einschränkungen – darunter Verzicht auf die Türme oder die Bogenarchitektur im
Inneren des Kirchenraumes – zuzulassen, obwohl solche For-
derungen vom preußischen Ministerium nachdrücklich erho-
ben werden.

Es ist zu erwarten, dass in den folgenden Wochen und Monaten die Baukosten noch ansteigen, so dass letztendlich für den
Kirchenbau 30.000 Taler aufzubringen sind. Das wollen die
preußischen Baubehörden nicht befürworten.

Erst nachdem sich Schinkel persönlich einschaltet, werden die Mittel genehmigt. Schinkel argumentiert entschieden gegen Einsparungsforderungen und schreibt 1829 in einem Brief an das betreffende Ministerium in Frankfurt (Oder): „Kirchenbauten, welche für 1000 Plätze massiv gebaut werden, sind daher immer nicht unter 20.000 bis 24.000 Talern unter jetzigen Bauverhältnissen auszuführen, wenn sie nicht das Anständige ganz verlieren und Schuppen oder Scheunen ähnlich werden sollen." König Friedrich Wilhelm III. macht nach einem Bittgesuch des Kirchenpatrons der Herrschaft ein Gnadengeschenk. Er gewährt einen Zuschuss von 2.000 Talern aus Eigenmitteln, von denen aber nur 1.500 ausgezahlt werden.

Dann ist es geschafft: Im Frühjahr 1831 feiert die Gemeinde das Richtfest, im August des gleichen Jahres erhalten die beiden Türme ihre eisernen Kreuze.

Die Vollendung des Gotteshauses steht kurz bevor. Da ereilt die Gemeinde ein schweres Schicksal. Freiherr Ferdinand v. Houwald stirbt am 02. Juni 1832 plötzlich und unerwartet nur wenige Wochen vor der Einweihung des Gotteshauses.

Der Chronist Rödenbeck schreibt am 02. Juli 1832 in einem Nachruf, alle wären in freudiger Erwartung gewesen und „... niemand ahnete den harten Schlag, der so viel schöne Erwartungen vernichten, der so tiefe Trauer in die beschlossene frohe Festlichkeit mischen sollte". Weiter schreibt Rödenbeck: „Thränen der Dankbarkeit und des Segens folgen Ihm nach, und das fromme Werk, mit dessen Gründung und Vollendung Er Sein theures Leben beschlossen hat, wird ein ewiges Gedächtnißmal Seines treuen Wirkens bleiben ...".

Die Kirche zu Straupitz wird am 05. August 1832 mit einem Festgottesdienst feierlich eingeweiht.

Zum 75. Jahrestag der Kirche im Jahre 1907 wird der Altarraum restauriert. Aus gleichem Anlass erhält der Kirchenraum durch den Berliner Kirchenmaler Sandfort eine neue Farbgestaltung. Anstelle der ursprünglichen Farben Weiß und Grau werden mit Rot und Grün neue farbliche Akzente gesetzt.

Die Chronik der Kirche von 1993 lässt uns wissen, dass Anfang der 60er Jahre des vergangenen Jahrhunderts die Kirchtürme, das Dach und die schwer geschädigte Decke des Kirchenschiffs instand gesetzt wurden. Da keine historischen Unterlagen über die originale Farbgebung auffindbar waren, entscheidet die Gemeinde gemeinsam mit dem Bauamt, für die Decke pompejanisches Rot zu verwenden. Mit diesem

dunkleren Anstrich sollte die große Höhe dieses monumentalen Raumes etwas gemildert werden. So manches hätte noch saniert werden müssen. Doch erst mit der Wende im Jahre 1990 können Pläne zur umfassenden Gesamtrestaurierung der Kirche in Angriff genommen werden. „Die großzügige Unterstützung von staatlicher und kirchlicher Seite, die Spenden vieler Menschen … ließen in relativ kurzer Bauzeit aus einem in seiner Bausubstanz mehr und mehr gefährdeten Gebäude ein Schmuckstück klassizistischer Baukunst werden", schreibt 1993 die Chronistin.

Wir erleben die Dorfkirche in Straupitz als ein außergewöhnliches kunsthistorisches Denkmal Schinkelscher Baukunst und fragen, mit welchen Nutzungskonzepten man dem Gebäude zukünftig gerecht werden kann. In anderen Kirchengemeinden gibt es ein intensives Nachdenken über Nutzungserweiterungen und bereits vielseitige und interessante Erfahrungen.

Die Zeichnung der Kirche zu Straupitz, Quelle, Rödenbeck: Chronik zum Gedächtnis der Einweihung der Kirche zu Straupitz, 1832. Über 30.000 Taler betrugen die Kosten für den zwischen 1828 und 1832 errichteten monumentalen Kirchenbau. Die Einweihung erfolgte im August 1832.

Besuch beim Pfarrer

Wir besuchen Christoph Hanke, Pfarrer der Kirchengemeinde Straupitz. Obwohl sein Terminkalender überquillt, nimmt er sich Zeit für uns. Uns interessiert die Frage, wie das Kirchengebäude in der Neuzeit genutzt wird.

„Hierauf erschöpfend zu antworten, werde ich mir nicht anmaßen", sagt Pfarrer Hanke. „Denn selbst bei einer Konzentration auf die Frage nach den Aufgaben sowie der gegenwärtigen Nutzung werden gleichsam weit mehr Ebenen angesprochen, als man mit wenigen Worten darlegen kann. Die Kirche lebt in erster Linie für die Kirchengemeinde und von ihr. Es ist die Bestimmung, im wahrsten Sinne des Wortes Gottesdienst zu halten. Doch dafür brauchen wir eigentlich kein so monumentales Kirchengebäude. Kirche lebt nicht nur in Kirchen. Jesus sagt: ‚wo immer zwei oder drei versammelt sind in meinem Namen, da bin ich unter ihnen'.

Wir besitzen aber diese außergewöhnliche Kirche, sind die Erben der wohl bedeutendsten klassizistischen Dorfkirche. Sie ist ein kunsthistorisches Denkmal von überregionaler Bedeutung. Daraus erwächst die Pflicht, das Erbe zu bewahren und der Zeit entsprechend weiter zu entwickeln. Wenn ich ‚Wir' sage, dann ist nicht nur die Kirchengemeinde bezeichnet. Sie allein wäre mit der Last zur Erhaltung des Bauwerks überfordert. Deshalb obliegt es allen Erben, den Nachlass für die nachfolgenden Generationen zu erhalten. So sind wir froh, nicht allein zu stehen, sondern – entsprechend der überregionalen Bedeutung des Gebäudes – um regionale und überregionale Partner zu wissen, die die Verantwortung für den Erhalt der Kirche mit uns teilen.

Eine weitere Bestimmung von Kirchen ist ‚öffentlicher Ort' zu sein. Den Kirchenraum weitgehend darauf einzuengen, dass er nur der kirchlichen Liturgie oder der Kirchenmusik dient, wäre das Gegenteil dessen, was Kirche soll und will. Es gibt eine große Tradition. Erinnern möchte ich an die Nutzung von Kirchen im späten Mittelalter. Damals waren Kirchen Orte für Ratssitzungen, Gerichtsstätten oder Versammlungsplätze. Natürlich wollen wir solche Traditionen nicht aufleben lassen.

Dennoch sehe ich es als Aufgabe, im Sinne der Erbauer zu handeln und die Kirche für öffentliche Begegnungen zu nutzen, sie als einen zentralen Ort der Verständigung und des Dialogs zu begreifen, damit Gleichgesinnte sich finden und

Fremde zusammenkommen. Diese Sinngebung bezieht sich nicht nur auf die Kirchengemeinde. Sie bedeutet auch Herausforderung und Chance für die kommunalen Verantwortungsträger und Gemeindemitglieder, denn mit dem Engagement der Kirche gewinnt das Dorf insgesamt. Darum gilt es aber auch solche Nutzungskonzepte zu vitalisieren, die unter Wahrung der sakralen Funktion auf die Begegnung von Gemeinde und Öffentlichkeit mit Kultur und Kunst zielen. Erste Schritte gehen wir mit der Durchführung von Konzerten. In diesem Bereich können noch viele Möglichkeiten erschlossen werden."

Einige Monate später: Wir sitzen in der Schinkelkirche, besuchen das Konzert eines Vokalensembles. Viele sind gekommen, um dem Gesang zu lauschen. Die Sänger führen durch die Jahrhunderte, intonieren klangstark Tonsetzer aus dem Barock, der Klassik und Romantik bis hin zu zeitgenössischen Komponisten und einem Gospel.

Die Musik in den dynamischen Wellen, fein geformten Abstufungen, kraftvollen Akzenten schafft Spannungsverdichtungen, die den Wörtern Flügel zu geben scheinen. Eine Freude ist der Chor, die farbenfrohe, stabile Interpretation noch so schwieriger Klangfarben. Die Akustik des Kirchenraumes wirft keine Schleier über komplizierte Stimmenbewegungen. Schinkels Kirche ist der würdige Ort dafür, was die Choristen an diesem Abend mit ihrem Gesang zu vermitteln suchen.

JOHANNISMARKT

Wir sind zum Johannismarkt in Straupitz, einem traditions-
reichen Volksfest und Markttreiben. An so einem Tag pulsiert
hier das Leben. Schon am Vormittag drängen sich Besucher
an Ständen der Schausteller und Händler. Handwerker wie
Korbflechter, Pantoffel- und Kerzenmacher, Drechsler, Bött-
cher oder Imker bieten ihre Produkte feil. In der Luft liegt der
Wohlgeruch von frischen Hefe-Plinsen, nach alten Rezepturen gebacken, etwas ganz Besonderes. Back- und Bierstände,
Kunstgewerbe, „Spinteweiber" mit ihren Web- und Strickar-
beiten oder Kräuterfrauen füllen die Straßen und Plätze.

Der Straupitzer Johannismarkt findet wie jedes Jahr Mitte
Juni statt. Er versetzt den Ort schon Wochen vorher in Aufre-
gung. Alles wird nach Plan vorbereitet, denn Handwerk,
Volkskunst, aber auch Brauchtum, Tradition und Unterhal-
tung sollen zum erlebnisreichen Festtag werden.

Dazu gibt es eine historische Verpflichtung. Märkte werden
hier seit dem Mittelalter abgehalten. Ein Lehnsbrief vom 02.
September 1629 an den damaligen Besitzer der Herrschaft
Straupitz, von Wallwitz, gibt dem Ort den Status eines Markt-
fleckens und das Marktrecht. Damit bekommt Straupitz eine
zentrale wirtschaftliche und politische Stellung für die umliegenden Gemeinden.

*Der Johannismarkt
wird in Straupitz seit
Jahrhunderten gefeiert
und war bis ins 20.
Jahrhundert der größte
Bauern- und Viehmarkt
des Spreewaldes. Heute
säumen Tausende Besu-
cher und Schaulustige
die Straßen und Plätze.
Handwerkskunst, Ver-
kaufsstände aller Art,
Schausteller und Musi-
kanten prägen das tra-
ditionelle Fest.*

Der Straupitzer Johannismarkt
hat eine lange Tradition. Noch
Anfang des 20. Jahrhunderts ist
er der größte Bauern- und Viehmarkt in dieser Region.

Dass dieser Markt im Juni, also
in der Mitte des Jahres, ausgerichtet wird, hat seinen
Ursprung in alten heidnischen
Bräuchen der Slawen, Germanen und Kelten. Der 21. Juni ist
für diese Volksgruppen der Tag
der Sommersonnenwende, eines der größten Feste im Jahres-
ablauf. Die Sonne steht am
höchsten, entfaltet ihre ganze
Macht. Im Volksglauben ist das
Grund genug dafür, dieses Er-

eignis als Zeichen der Fruchtbarkeit zu ehren und als Reinigungsfest ausgelassen mit Musik und Tanz zu feiern.

Zugleich spiegelt der Tag der Sommersonnenwende auf besondere Weise die Verbundenheit der Menschen mit der Natur wider. Sie entfaltet in dieser Zeit ihren größten Reichtum, verwöhnt die Menschen, beschenkt sie mit vielerlei Produkten.

Wie bei den Sorben, so entwickelt sich auch bei anderen Völkern der Glaube, dass in der Nacht zum 24. Juni alle Kräuter und Blumen in Wäldern, auf Feldern und Auen außergewöhnliche Heilkräfte besitzen.

Der Name „Johannistag" hat noch einen weiteren Bezug. Er ist eng mit der christlichen Religionsgeschichte verbunden und geht auf das Geburtsfest Johannes des Täufers zurück. Die Kirche hat das alte heidnische Fest der Sommersonnenwende unter ihre Schirmherrschaft gestellt. Vielleicht, weil die Person des Johannis so farbig war wie die vielen Volksbräuche, die mit diesem Fest verbunden sind. Vor 2000 Jahren zieht der 29-jährige Johannis durch das Heilige Land, predigt den Menschen die Umkehr zu einem ethischen Leben ohne Gewalt und Unrecht, wird Wegbereiter Jesu Christi, der sich später von ihm taufen lässt.

Warum der 24. Juni als Johannistag begangen wird, lässt sich vielleicht aus den Geburtstagen von Johannis dem Täufer und

Die Spinnstube, auch „Spinte" genannt, war in den Spreewalddörfern Stätte der Begegnung. Frauen trafen sich hier, um zu spinnen, zu weben oder zu stricken. Die alten Bräuche wurden von Generation zu Generation weitergegeben.

Jesus erklären. Nach biblischer Überlieferung liegt zwischen der Geburt der beiden eine Zeitspanne von sechs Monaten. Am 24. Juni feiern die Christen den Johannistag und sechs Monate später, am 24. Dezember, mit Weihnachten, die Geburt Jesu.

Doch der Johannistag ist über die Jahre hier und da in Vergessenheit geraten. Das scheint in der Spreewaldregion anders zu sein. In Straupitz wird er ganz im Zeichen alter Tradition als Markttag gefeiert.

Tausende Besucher sind inzwischen gekommen. Wir stehen vor der Kirche, mitten unter ihnen, beobachten das bunte Treiben. Überall Frauen in der Spreewälder Festtagstracht mit den so kunstvoll gestalteten Kopfhauben, weißen Blusen, farbigen, reich bestickten Röcken, darüber die weißen Spitzenschürzen und um die Schultern pastellfarbene Seidenhalstücher. Die Spreewälderin trägt ihre Tracht mit Würde und Stolz, im Bewusstsein ihrer Identität mit Tradition und Brauchtum.

Auf der Straße zum ehemaligen Schloss treffen wir die Leinölfee, eine junge Frau aus dem Ort, schlank und anmutig, pas-

Frauen und Männer ziehen in Festtagstracht ins Dorf. Die Spreewälderinnen tragen ihre Tracht mit den kunstvoll gestalteten Kopfhauben, den reich bestickten Blusen und Röcken mit Würde, als Zeichen ihres Standes und ihrer Identität.

send ihr Kleid in Blau, der Blütenfarbe des Leins. Sie begrüßt uns, erzählt von ihrer Wahl zur Fee, ihren Aufgaben und von dem Fest.

Gemeinsam bummeln wir des Wegs, begegnen einer Frau am Kornspeicher, damit befasst, die in aller Welt so bekannten sorbischen Ostereier zu bemalen. Im Spreewald gibt es diesen Brauch seit dem 17. Jahrhundert. Die Ornamente, die mit dunkelblauer oder roter Wachsfarbe aufgetragen werden, haben eine unterschiedliche Bedeutung. Als Bündel oder Sonne angeordnete Striche symbolisieren Quellen des Lichts und des Wachstums, Kiefernzweige bedeuten Gesundheit.

Wir gehen zum Hafen, von dem aus die Fährleute mit ihren Kähnen meist Touristen über die Schlossparkteiche staken. Von überall her sind Gäste angereist, um zusammen mit den Straupitzern ein buntes Programm mit Blasmusik, Chorgesang oder Volkstänzen zu erleben. Die Mühen und Anstrengungen des Alltags sind längst einer ausgelassenen, heiteren Stimmung gewichen.

Wir sind aufgenommen von dieser Gemeinschaft, bemerken, dass wir uns mit der größten Selbstverständlichkeit in ihr bewegen können. Manchmal stehen einige Zuschauer neben uns, rücken zusammen, um etwas Platz zu machen. Wohltuend die Art, Liebenswürdigkeit mit Natürlichkeit zu verbinden. Dann betrachten sie wie wir das bunte Schauspiel des alten dörflichen Festes. Im Bewusstsein der Spreewälder ist der Brauch lebendig wie eh und je. Was sich verändert hat, sind manche Formen, sind Aufbereitungen und Darbietungen. Kulturwandel, moderne Technik, neue Gewohnheiten machen auch nicht Halt vor den Traditionen und Bräuchen. Sie verändern Musik, Kleidung, Rituale und vieles andere.

Uns ist, als wären wir in eine andere Zeit versetzt. Das in diesen Stunden Erlebte schlägt die Brücke zur Vergangenheit, startet unsere virtuelle Reise Jahre zurück. Die Phantasie wird zum Reiseführer, gestaltet das Programm, wählt die Orte, zu denen wir fahren, sucht die Menschen, die uns begegnen. Kaleidoskopisch ist der lebendig bunte Wechsel der Ereignisse, zeigt Bilder vom kargen schweren Leben in dieser Spreewaldregion, von Leid und Not. Die Traumreise lässt uns aber auch teilhaben an dem frohen, ausgelassenen Treiben

Seit dem 17. Jahrhundert werden im Spreewald sorbische Ostereier bemalt. Die reich verzierten Ornamente haben sehr unterschiedliche Bedeutung. Sonnen symbolisieren Quellen des Lichts, Kiefernzweige bedeuten Gesundheit.

S. 58:
Ein Kahnkorso mit
Vorführungen alter
Bräuche gestaltet auf
vielfältige Weise das
dörfliche Leben nach.
Hier kehren Bauern
von der schweren Feld-
arbeit zurück auf ihr
Gehöft.
Die Feuerwehr fährt
mit dem Kahn zur
Brandstelle.

von Jung und Alt bei Spiel und Tanz, in den Spinnstuben, auf Erntefesten, beim Zampern oder wie hier auf dem Straupitzer Bauernmarkt zum Johannistag.

Was wir erleben, vollzieht sich im Jetzt. Was wir sehen, ist ein in vielen Jahren kultiviertes Brauchtum, sind regional sorgsam behütete Traditionen, Lebensgewohnheiten, Gemeinschaftssinn und Heimatgefühl im Gegensatz zur anonymen, globalisierten Welt.

Und je mehr die Spreewaldregion unter den Einfluss des Zeitenwandels gerät, desto notwendiger erscheint es, die spezifischen Bräuche zu pflegen, das darin enthaltene Wissen und Denken über die Region hinaus zugänglich und bekannt zu machen.

Nachmittag: Wir warten mit Spannung auf den Kahnkorso, eine bunte und humorvoll gestaltete Abfolge von Spreewaldkähnen mit Bildern aus dem Leben früherer Jahre. Es ist so weit. Die Blaskapelle spielt einen Marsch und auf dem schma-

Die Straupitzer Tanz-
gruppe führt alte sorbi-
sche Volkstänze vor

len Fließ, das in den Hafen mündet, erscheinen die kunterbunt geschmückten Kähne. Wie früher kommt die Feuerwehr mit dem Kahn, Kinder werden zur Schule gestakt oder Vieh auf gleiche Weise zum Markt transportiert.

Phantasievoll ist das Alltagsleben der Vorfahren durch Gestaltungselemente aus dem Hier und Heute in die Gegenwart projiziert. Das macht es für die Besucher besonders interessant. Wäre die Verbindung von Vergangenheit und Gegenwart nicht nachzuvollziehen, blieben solche Veranstaltungen reine Kuriositäten, wären stumpf, naiv, provinziell, langweilig. Sie sind es aber nicht, wie der Johannismarkt in Straupitz bezeugt. Sie zeigen uns die Bedeutung des Vergangenen, sind die Basis zur kollektiven Identität einer ganzen Region.

Abend: Traditionsstände sind abgebaut, Trachten längst sorgsam eingepackt. Auf dem Johannismarkt beginnt ein Rockkonzert, es geht bis in die tiefe Nacht.

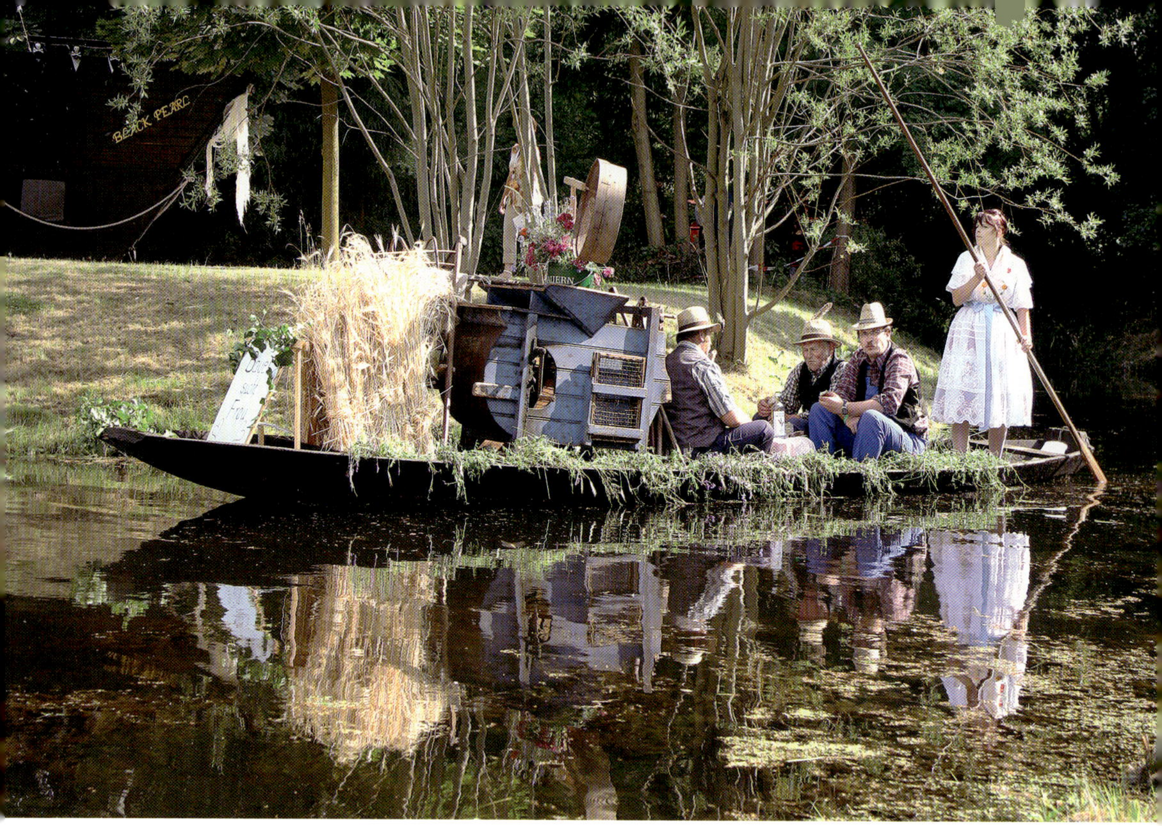
BLACK PEARL

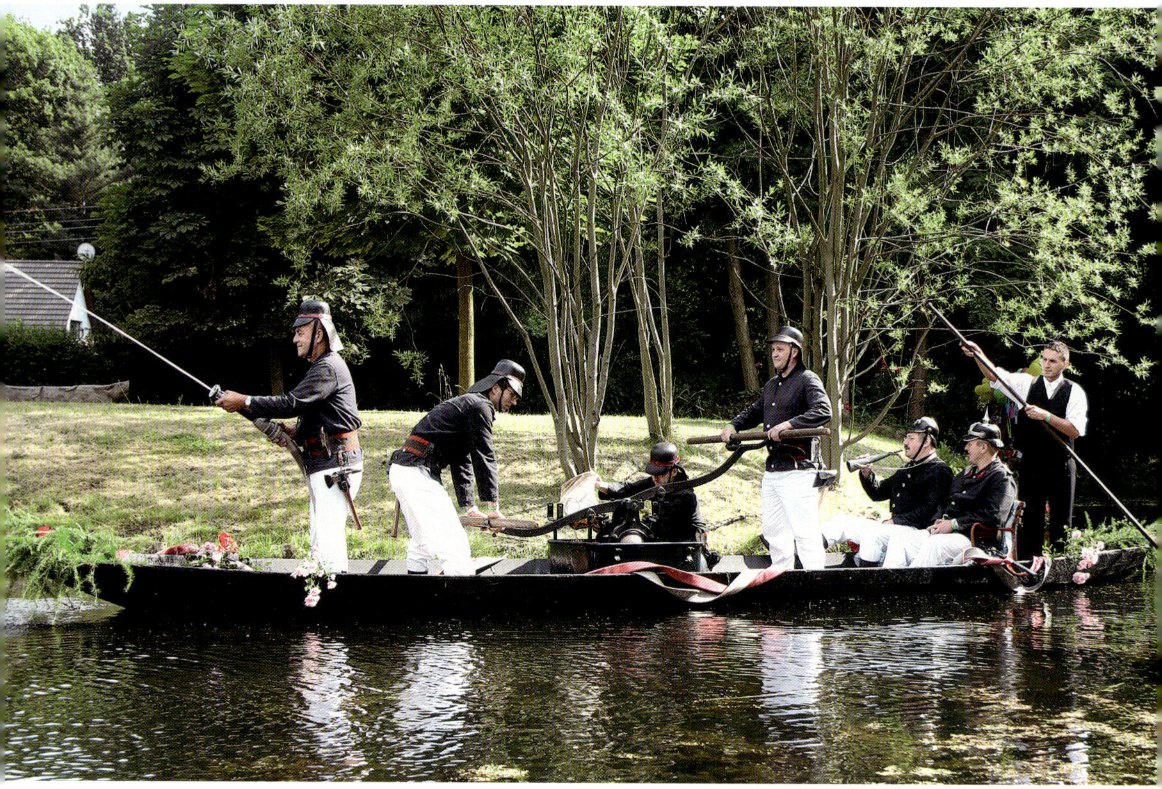

ZAUBERWELT HOCHWALD

Das Motiv, den Hochwald zu befahren, entsteht aus Erzählungen über ihn. Nur wenige Regionen im Spreewald konfrontieren den Besucher mit einem so unmittelbaren Naturerlebnis wie diese. Der Hochwald, ursprünglich sumpfiger Wald, ist ein eintausend Hektar großes Gebiet und wird die „Perle des Oberspreewaldes" genannt. Bereits im 13. Jahrhundert beginnen sorbische und deutsche Siedler Bäume zu roden und den Wald für die landwirtschaftliche Nutzung zu erschließen. Aufgrund der intensiven Waldrodung sind im 18. Jahrhundert zwei Drittel der ursprünglichen Waldfläche abgeholzt. Heute sind nur noch 15 Prozent der ehemals ausgedehnten Niederung bewaldet.

Und so drängt es uns, den Hochwald zu besuchen, um außerhalb von Büro und Wohnzimmer mit der Natur konfrontiert zu werden. Wir wollen hinter die Geheimnisse kommen, die sich in diesem Biotop seit der letzten Eiszeit entwickelt haben. Hier, wo sich ständig die Metamorphose vollzieht, wird uns die Natur eine „Lehrstund" halten, wie Bettina von Arnim schreibt. Denn sie ist lehrsam, wer ihre Lehrstund nicht versäumt, der hat zu denken genug.

Lehrsam ist die Natur in ihrer Anschaulichkeit. Vielleicht ist der Hochwald einer jener Orte, an dem sie eher erfahrbar ist als sonst wo? Der Wald, das Wasser der Fließe und die Luft sollen hier reiner sein als an Stellen, wo der Mensch die Spuren seiner Betriebsamkeit hinterlässt. Der Hochwald ist wohl noch ein Ort, der den von Hektik und Stress entleerten Menschen genügend Raum für Besinnung bietet. Und in diesem Sinne resümiert der Lübbenauer Chronist Paul Fahlisch vor rund einhundert Jahren: „Im Schatten der schlanken himmelan strebenden Erlen, fern vom lauten Getriebe der geschädigten Welt, glaubt der Reisende durch ein Märchenreich zu schweben."

Ein strahlender Sommertag. Die Wanderung geht erst nach Alt Zauche, einem kleinen Ort am nördlichen Rand des Hochwaldes. Das Dorf ist wie viele im Spreewald im 11./12. Jahrhundert gegründet worden und wird erstmals im Jahre 1347 als „Alte Niewe" urkundlich erwähnt. Heute leben die rund 450 Einwohner vor allem vom Tourismus. Alt Zauche verfügt über einen kleinen Kahnhafen, idyllisch am Wald gelegen.

Zauberwelt Hochwald

In der geheimnisvollen Flusslandschaft leben spezialisierte Libellenarten. Sie sind Indikatoren für eine gesunde Umwelt und sauberes Wasser. 44 Libellenarten konnten bereits nachgewiesen werden, darunter die hier abgebildeten Prachtlibellen.

links: Vergissmeinnicht
rechts: Lokoschen – so nennt der Spreewälder die Sumpfdotterblumen

Wir erreichen das Revier Schützenhaus. Den Namen verdankt es dem auf einer kleinen Insel gelegenen Gebäude, in dem seit 1746 der jeweilige Revierförster arbeitet.

Vor uns befindet sich der Erlenwald mit 30 Meter hohen und über 100 Jahre alten Schwarzerlen. Rudolf Virchow schreibt 1880: „Die Erle ist der eigentliche Repräsentant des Spreewaldes; kaum irgendwo in Deutschland wächst sie in gleicher Schönheit und Größe. Die Bäume stehen in Reih und Glied, die Stämme kerzengerade gewachsen, ihre Kronen werfen geheimnisvolle Licht- und Schattenspiele auf das Wasser." „Was Sie hier sehen", so der Fährmann, ist der größte zusammenhängende und qualitativ beste Schwarzerlenbestand in ganz Deutschland und einmalig europaweit."

Alljährlich kommen Wissenschaftler und Forstfachleute aus Österreich, Frankreich, Belgien, Tschechien oder der Schweiz hierher, sind tief beeindruckt von der Leistung der Spreewald-Erle, denn ihr Holz – mit schöner Maserung versehen – eignet sich besonders für die Herstellung von Möbeln und Musikinstrumenten.

Erlenbäume haben für Menschen seit jeher eine außerordentliche Bedeutung. In der Mythologie der Griechen stehen sie für Trauer und Trügerisches. Keltische Stämme glauben, dass der erste Mann einer Erle entsprang. Für die Germanen ist die Erle ein heiliger Baum. Entgegen dem Glauben der Kelten sind sie überzeugt, dass das Weib aus der Erle hervorgegangen ist. Bedeutung erlangen der Baum, seine Zweige und Blätter auch in der Volksmedizin. Der Sud aus gekochter Rinde oder von Früchten gilt den Germanen als Mittel gegen Halsentzündungen. Im Spreewald nutzen die Wenden den Rauch von verbrannten Erlenblättern gegen Hörfehler.

Die Fahrt führt tiefer und tiefer in den Hochwald, vorbei an noch jungen Erlen. Sie strecken sich wie ihre Vorfahren mit geradem Wuchs und prächtigen Kronen zum Licht. „Die Erle ist ein Baum des Lichts. Wir haben sie in den 1980er Jahren gepflanzt und uns dabei auf die Erfahrungen des 19. Jahrhunderts zur Schaffung von Rabattenkulturen besonnen", erzählt Fährmann Paul Lossack.

Dann ein verändertes Bild im sonst so märchenhaften Hochwald. Erlenwald verwildert ringsum. Die Bäume aneinander gedrängt. Ihre sonst so geraden, kräftigen Stämme sind dünn, krumm, verkrüppelt. Es ist als tobe zwischen den Erlen ein

Schützenhaus, erbaut 1907. Seit 1746 arbeitet hier der jeweilige Revierförster.

links: Teichrosen
rechts: Sumpflilien

*Wehrkanal, erbaut
1905*

*rechts: Der Nordumflu-
ter erstreckt sich auf
einer Länge von 30
Kilometern. Teilweise
bereits in den 1950er
Jahren erbaut, gehört er
zum Hochwasser-
schutzsystem des
Spreewaldes.*

erbitterter Kampf, jede beansprucht Raum für ihre freie Ent-
faltung, ist auf der Suche nach ihrem Weg zum Licht. Doch
was bleibt, ist das immer wiederkehrende Spiel: Die schwa-
chen werden erdrückt, andere legen sich auf die Seite, werden von allerlei Gestrüpp überwuchert, ausgehöhlt, sterben
einen viel zu frühen Tod.

Wir sind betroffen, der Fährmann spürt die Stimmung. Er
sagt: „Was Sie hier sehen, hat nichts mehr mit der alten Kulturlandschaft Hochwald zu tun. Seitdem dieses Gebiet zur
Kernzone des Biosphärenreservats erklärt worden ist und wir
ihn nicht naturnah und umweltschonend pflegen dürfen, verwildert der Wald zusehends."

In der Kernzone wandelt sich bereits die Landschaft. Sie verliert an Ruhe, nimmt einen unechten Auencharakter an und

zerstört somit den Lebensraum vieler Tiere und Pflanzen. Nachdenklich geworden bemerkt der Fährmann: „Wir verdanken den Hochwald mit seinem Reichtum unseren Urgroßvätern, werden unseren Nachkommen davon aber nur einen kleinen Teil überlassen können."

Der Kahn biegt in die Polenzoa, ein Fließ, das nur von den Kahnfährleuten befahren werden darf. Eng und kurvenreich ist das Gewässer. Fast spielerisch stakt der Fährmann um die Kurven, vermeidet jede Berührung mit dem Ufer. Die Leichtigkeit, mit der er das Rudel benutzt, ist in Wirklichkeit schwere Arbeit, verlangt Wissen und Erfahrung, vor allem aber enge Verbundenheit mit den örtlichen Gegebenheiten.

Der Nordumfluter ist erreicht, der Kahn landet an im Hafen von Alt Zauche.

Kunstprodukt Hochwald: Bedrohungen

Was uns als Anzeichen von Verwahrlosung im Erlenhochwald erscheint, wirkt befremdlich, was der Fährmann dazu sagt, macht betroffen. Hat der Hochwald als Kunstprodukt des Menschen überhaupt eine Zukunft?

Allmählich erkennen wir die existenzielle Bedrohung für das naturhafte Jahrhundertwerk, von Menschen konzipiert und initiiert. Und so lässt uns die Sorge nicht ruhen, die Kulturlandschaft Hochwald könnte durch Behördenpolitik sich selbst zerstören.

Wir treffen uns mit dem Oberforstmeister Dr. Paul Rupp, dem ehemaligen Leiter des Amtes für Forstwirtschaft Lübben. Über viele Jahre leitet er die Oberförsterei Straupitz, ist mit der Natur des Reviers eng verbunden, setzt Maßstäbe im Naturschutz, bei der forstwirtschaftlichen Pflege und Entwicklung des Waldes.

Der Förster begrüßt uns an der Toreinfahrt wie alte Bekannte, führt uns den Weg zum Haus hinauf, an gepflegten Rabatten vorbei, von prächtigen Laubbäumen abgeschlossen. Wir gehen ins Haus, in den Wintergarten. Die Möbel in Form und Farbe harmonisch der naturhaften Atmosphäre analog, die Fenster, reichhaltig mit allerlei Pflanzen versehen, zeugen von der Nähe zur Natur, die Wände, sparsam mit kunstvollen Bildern ausgestattet, sprechen von der Sinnlichkeit der Bewohner.

„Sie interessieren sich für die Zukunft des Hochwaldes, eine gute Frage, wie man heute zu sagen pflegt", beginnt Dr. Rupp seine Ausführungen. „Doch die Frage, ob der Hochwald in seinem derzeitigen Zustand und Umfang so erhalten bleibt, wage ich nicht zu beantworten, weil die behördlichen Verantwortungsträger für die Zukunftsperspektiven des Waldes grundsätzlich divergierende Philosophien, konträre Strategien und Szenarien verfolgen.

Die einen, von Naturschutzbehörden und Vereinen repräsentiert, streben danach, noch größere Teile des Reviers als Totalreservate (Kernzone I) auszuweisen, was zur Folge hat, dass der Wald, die Tier- und Pflanzenwelt sowie die Fließgewässer sich selbst überlassen bleiben, ein Eigenleben führen, ohne menschliche Einflüsse bzw. naturhafte Betreuung und Pflege. Die anderen, Forstwirtschaft und die breite Spreewälder Öffentlichkeit, sehen es als Verpflichtung, den Erlenhochwald ohne Einschränkungen in seiner jetzigen Beschaffenheit zu entwickeln, ihn als eine historisch gewachsene Kulturform zu schützen.

Die Ansichten kulminieren in dem Konflikt, ob der Hochwald zum ursprünglichen Urwald mutieren soll oder weiterhin als Kultur- und Wirtschaftswald gepflegt und geschützt wird."

Uns stellt sich die Frage, warum es nicht möglich ist, beide Strategien zu vereinen, den Hochwald sich selbst zu überlassen und ihn dennoch als Kulturlandschaft zu erhalten?

Dazu Dr. Rupp: „Um zu verstehen, warum sich die benannten Konzepte gegeneinander ausschließen, muss man die Entwicklungsgeschichte des Hochwaldes näher kennen. Das zunächst planlose Vorgehen der Siedler wird schon sehr früh abgelöst durch planvolle Bewirtschaftung der Landflächen, insbesondere aber der Wälder. Als im Mittelalter infolge von Flächenrodungen erste existenzielle Gefahren für den Wald drohen, wird bereits 1575 in einer Holzverordnung der Holzschlag verbindlich geregelt. Die Anzahl der Baumfällungen ist limitiert, und jeder geschlagene Baum wird durch Neuanpflanzung ersetzt. Das sind erste Schritte zur Erhaltung des Waldes. Seine systematische Pflege beginnt vor rund 250 Jahren: Die Forstwirtschaft entsteht. Kleinere Wälder werden gepflanzt, die Fließe gesäubert, künstlich Wasserwege neu angelegt. Hier liegen die Anfänge für die Entstehung des Hochwaldes als Kulturlandschaft, als Kunstform oder Kunstprodukt, wie wir Spreewälder sagen."

Ende des 19. Jahrhunderts zwingen akute Holznot und wirtschaftliche Interessen zur Intensivierung der Forstwirtschaft. Die Bewirtschaftung des Erlenhochwaldes erfolgt vor allem

über Kahlschläge und Wiederaufforstung. Bisher unzugängliche Sumpfgebiete, verwilderte Wiesen werden erschlossen und aufgeforstet. Jahrhunderte lange Erfahrungen der Forstwirte lehren, dass der Reichtum des Waldes unangetastet bleibt, wenn Holz immer wieder nachwachsen kann. Dies ist das Wesentliche des forstlichen Nachhaltigkeitsgrundsatzes. Weil das seit rund 300 Jahren im Hochwald befolgt wird, sind bis heute immer wieder neue Wälder gewachsen. Sie bieten zugleich ideale Bedingungen für das Leben der vielfältigen Tier- und Pflanzenarten.

Die Förster erkennen, dass der Hochwald mit seinem Wasserhaushalt und dem Wasserstand vor allem der Erle ideale Wachstumsbedingungen bietet. Denn die Erle wächst am besten an fließenden Gewässern, um genügend Sauerstoff aus dem Wasser ziehen zu können. Die Förster lernen aber auch, dass längere Staunässe nach Überschwemmungen oder Gräben mit vermodertem Wasser zum Absterben der Erlenbäume führen.

Dr. Rupp sagt: „Unsere Großväter müssen folglich Bodenverhältnisse schaffen, die längere Staunässe verhindern, den Erlen Sauerstoff und die nötigen Mineralien zuführen. Schon 1866 berichtet der Prediger der Oberkirche Cottbus, Dr. Berger, über erste Versuche mit Rabattenkulturen bei der Pflanzung und Pflege von Erlen. Er empfiehlt, diese Forstkultur aufzunehmen und nach den jeweiligen Verhältnissen zu modifizieren. 1890 experimentiert man auf Test- und Versuchsflächen und entwickelt auf diesem Wege die Rabattenkultur weiter. In schwerer Handarbeit werden Gräben von 40 cm bis 60 cm Tiefe ausgehoben und zu beiden Seiten Hügel angelegt, so dass Erddämme im Abstand von 1 bis 4 Metern entstehen. Auf den Dämmen werden junge Erlen gepflanzt. Die Gräben sorgen einerseits für genügend Feuchtigkeit, verhindern andererseits bei Überschwemmungen die schädliche Staunässe. Auf diese Weise erreichen die Forstleute das beste Wachstum der hochwertigen Erlen, doch nur unter der Voraussetzung, dass sie danach den Baumbestand naturbelassen pflegen. Noch heute sind hier die über 100-jährigen Erlen sowie die jüngeren Anpflanzungen aus den 1980er Jahren zu sehen."

Deshalb bezeichnen die Spreewälder diesen Hochwald zu Recht als Kunstprodukt des Menschen. Sie sind es, die den Urwald durch ihre mühevolle Arbeit zur Kulturlandschaft wandeln. Seine forstwirtschaftliche Pflege ist somit Kultur.

Wir erfahren, dass diese Kultur im tiefen Wissen um das Wesen des Waldes begründet ist. Es ist das Ordnungsprinzip von Mensch und Natur, das ganzheitliche Miteinander, das diese Kulturform gedeihen lässt. Die Herauslösung des Menschen aus seiner Rolle als Schützer und Gestalter zerstört die Ordnung, überlässt diese sensible Kulturlandschaft einem unkontrollierten Wildwuchs, der Verwahrlosung und schließlich der Selbstzerstörung.

Solche Empfindungen hatten vor mehr als 200 Jahren Wanderer wie Johann Gottfried Seume oder Ludwig Leichhardt. In Seumes „Spaziergang nach Syrakus" schwärmt er nur dann von einer Landschaft, wenn sich Natur und menschliches Wirken zu einer höheren Harmonie vereinigen und eine Kulturlandschaft entstanden ist.

Aber auch zeitgenössische Forstwissenschaftler warnen davor, die Natur ausschließlich sich selbst zu überlassen. Wenn der Mensch – so deren Ansicht – in die Natur nicht eingreifen darf, dann ist das eine rückwärtsgewandte Orientierung. Der Mensch würde sich nach ihrer Meinung seiner Verantwortung für die Natur entziehen und die Einheit von Mensch und Natur blind ignorieren.

Die Menschen hier im Spreewald kennen die Gesetze des Hochwaldes, besitzen das Wissen über die Bedingungen für seine gesunde Entwicklung von ihren Vätern, Großvätern und Urgroßvätern. Auch Dr. Paul Rupp weiß um die Lebensanforderungen für den Erhalt des Erlenbestandes. Sein Leben mit der Natur hat ihn gelehrt, in der Vegetation zu lesen. Das befähigt ihn, mögliche Gefahren für die prächtigen Bäume rechtzeitig zu erkennen und veranlasst uns zu der Frage, welche Bedrohung besteht, wenn durch Behördenverfügungen der Wald sich selbst überlassen bleibt?

„Natürlich wäre auch ein solcher Wald grün", betont er. „Der Hochwald würde aber als Kultur- und Wirtschaftswald sterben."

Welches Bild vom Hochwald werden unsere Enkel bewundern können – stehen dann noch die stolzen, kraftvollen Erlen oder ist bereits alles nur Urwald? Werden die nachfolgenden Generationen mit einem Wald konfrontiert, wie einst die ersten Siedler vor 1500 Jahren?

Aus der Vernunft entsteht die Hoffnung, dass auch in Zukunft ein Wald erhalten bleibt, wie bisher, nach dem ökologischen Prinzip und den Erfahrungen von Generationen geformt, eben ein naturnahes Kunstprodukt des Menschen.

LAGUNENDORF LEHDE
IM ZEITENWANDEL

Es ist ein milder, sonniger Tag. Wir fahren nach Lübbenau und wollen von hier nach Lehde wandern. Das mittelalterliche Lübbenau ist für Besucher zum Hauptanziehungspunkt des Spreewaldes avanciert und wird nicht selten als seine heimliche Hauptstadt bezeichnet. Die Stadt hat viel Sehenswertes zu bieten, so die historische Altstadt mit schlichten Fachwerkhäusern und Putzbauten aus dem 18. und 19. Jahrhundert, versehen mit zum Teil wertvollen Verzierungen und Ornamenten. Das bedeutendste Denkmal der Stadt ist die

Lübbenau, oft als heimliche Hauptstadt des Spreewaldes bezeichnet, hat viel Sehenswertes zu bieten: Dazu gehört die historische Altstadt mit fachwerk- und stuckverzierten Bürgerhäusern.

protestantische Pfarrkirche St. Nikolai. Das Gotteshaus, eingeweiht im Jahre 1741, ist mit seiner Innenausstattung eines
der wenigen kunstvollen Beispiele des Dresdner Barock in
dieser Region. Weiter östlich der Kirche befindet sich das klas-
sizistische Schloss der Grafen von Lynar mit dem großzügig
angelegten englischen Landschaftspark.

Eine besondere Rolle spielt der Marktplatz im Zentrum der
Stadt. Seit dem frühen 19. Jahrhundert werden hier große
Märkte abgehalten. Die Bauern der umliegenden Dörfer brin-
gen mit Kähnen ihr Gemüse hier her, um es meistbietend an
Händler aus dem In- und Ausland zu verkaufen. Theodor
Fontane erlebt bei seiner Ankunft in Lübbenau 1859 das rege
Markttreiben, den, wie er schreibt, „hier herrschenden leb-

*Am Markt präsentiert
sich die protestantische
Pfarrkirche St. Nikolai
– ein Werk des Über-
gangs vom Spätbarock
zum Klassizismus. Das
Innere der Kirche ist
ein beeindruckendes
Beispiel des Dresdner
Barock.*

77

Immer eine Touristen-attraktion: Spreewäl-derinnen in ihrer kunstvollen sorbisch/wendischen Tracht staken die Besu-cher in flachen Kähnen durch die Fließe

haften Verkehr". Fontane berichtet: „Die Spreewaldprodukte haben nämlich in Lübbenau ihren vorzüglichsten Stapelplatz und gehen erst von hier aus in die Welt."

Unweit vom Markt befindet sich der Kahnfährhafen mit Vor-platz, auf dem jährlich ab April das bunte Treiben beginnt: Händler verkaufen frisches Gemüse wie Gurken, Meerrettich und Zwiebeln, Töpferarbeiten, vielerlei Stickereien oder Korbflechtereien und Holzgefäße. Lautstark werben Fährleu-te mit Tourangeboten in den Oberspreewald. Hier am Kno-tenpunkt für Kahnfahrten lassen sich die Besucher die reich-haltigen kulinarischen Angebote schmecken, kaufen saure Gurken, Honig oder zuweilen den Spreewälder Kräuterlikör. Unsere Wanderung nach Lehde beginnt. Wieder erfüllt sich für uns das Bild vom Spreewald. Eine Allee von Laubbäu-

men, deren Kronen sich zu einem Dach vereinen, säumt den Weg. Seitlich von ihm verlaufen Gräben, münden in andere Gewässer, bilden mit ihnen neue Wasserstraßen. Rechts hinter den Bäumen saftig grünes Weideland. Linker Hand befinden sich kleine Inseln, meist nicht größer als Haus und Hof, umgeben von Gärten und Kanälen.

Eine wundersame Welt tut sich auf, ein „landschaftliches Kabinettstück", wie Fontane schreibt, welches „die Eigentümlichkeiten der Spreewaldlandschaft am klarsten und übersichtlichsten zeigt".

Wir genießen die Ruhe und Abgeschiedenheit und folgen dem Leiper Weg, einem der schönsten Wander- und Radwege des Spreewalds, biegen in den Abzweig nach Lehde ein. Unsere Erwartungen sind groß, denn der kleine romantische

An keinem Ort im Oberspreewald ist das Labyrinth der Fließe so gut zum Kahnfahren geeignet wie in der Umgebung von Lübbenau. In der Hauptsaison bevölkern viele Touristen den Hafen.

*rechts: Reger Kahnver-
kehr auf den schmalen
Fließen und Gräben*

Ort mitten im Oberspreewald ist ein Spreewalddorf wie es typischer kaum sein kann. Lehde liegt besonders idyllisch, unter hohen gewaltigen Erlenbäumen. Fast jedes Gehöft ist hier von Wasserarmen inselartig eingeschlossen, berichtet Paul Fahlisch über das Dorf vor mehr als hundert Jahren. So präsentiert es sich auch heute noch. 40 Gehöfte befinden sich auf Inseln (Kaupen) im Labyrinth der Fließe, sind nur per Kahn oder zu Fuß erreichbar, können auch nur so erhalten und versorgt werden. Der Kahn ist nach wie vor ein wichtiges Transportmittel. Mit ihm kommen die Feuerwehr, Müllabfuhr oder die Post.

Theodor Fontane schwärmt bei seiner Ankunft in Lehde im August 1859 und bezeichnet das Dorf mit den Fließen, Kanälen und Kaupen als „die Lagunenstadt im Taschenformat, ein Venedig". Er fasst seine Eindrücke in die Worte: „Man kann nichts Lieblicheres sehen als dieses Lehde."

Lehde ist auch heute noch Metapher für Spreewald schlechthin, Symbol für Spreewaldlandschaft und Lebensgefühl der Spreewälder.

*Wunderschöne Wan-
derwege durchqueren
den Lübbenauer Spree-
wald. Zu den schönsten
gehört der Leiper Weg.
Von Mischwald beglei-
tet und immer entlang
an Fließen und Gräben
führt er nach Lehde
und Leipe.*

Wir erreichen das Dorf. Es ist ein Leben und Treiben wie überall dort, wo es Außergewöhnliches zu sehen gibt. Auf Fließen gleiten mit Besuchern besetzte Spreewaldkähne wie auf einer Schnur aufgereiht, im Zentrum drängen sich Rad- und Fußwanderer an den Kiosken oder in den Souvenirshops.

Lehde findet in früheren Zeiten kein so starkes Interesse. Noch bis Mitte des 19. Jahrhunderts ist der Spreewald weit-

gehend unbekannt, und auch nach Fontanes Aufenthalt bleibt er noch viele Jahre Stiefkind der Reisenden. Das ändert sich erst nach dem Bau der Eisenbahnlinie Berlin-Görlitz 1866/67 und insbesondere, als der Lübbenauer Lehrer und Chronist Paul Fahlisch in den 80er Jahren des 19. Jahrhunderts beginnt, Gesellschaftsfahrten mit Gästen aus Berlin, Dresden und anderen Orten in den Spreewald zu organisieren. Jetzt entflieht an Wochenenden das Bildungsbürgertum der Hektik der Großstädte und sucht im Spreewald Idylle und Romantik. Zeitnah erhält Lehde als Künstlerdorf große Aufmerksamkeit. Der Görlitzer Kunstmaler Professor Woite und der Wirt der Gaststätte „Zum fröhlichen Hecht" August Richter werben unter Künstlern des In- und Auslandes mit den Naturschönheiten um Lehde, organisieren Atelier- und Künstlerfeste. Viele Maler reisen daraufhin hier her, darunter Eschke, Röchling, Genzmer, Brandt oder Estler. Sie malen Ölbilder und Aquarelle, fertigen Kunstfotografien an. Gegenwärtig erlebt das Künstlerdorf eine Renaissance. Dies wird durch Präsentationen von Werken zeitgenössischer Künstler nachhaltig unterstrichen.

Wir gehen weiter über eine Brücke zum Freilandmuseum Lehde, das größte seiner Art im Spreewald. Das Museum wird 1957 eingeweiht, präsentiert bäuerliche Haus- und Hofanlagen, Stallungen, Handwerksgeräte, Trachten sowie einen Heilpflanzen- und Kräutergarten. Es gibt tiefen Einblick in die Lebensweise der Menschen, ihre Sitten und Gebräuche. Hier erfährt der Besucher auch alles Wissenswerte über den mittelalterlichen Ort, der 1315 erstmalig in einer Verkaufsurkunde erwähnt wird. Damals besteht Lehde nur aus wenigen Fischerhütten. Es sind wendische Fischer, die inmitten der Wälder siedeln. Was sie vorfinden, ist eine undurchdringliche Sumpflandschaft mit unzähligen Verästelungen der Fließe und Kanäle. Also nutzen sie die wasserfreien Anhöhen zwischen den Wasserarmen, bauen darauf ihre Hütten. So entsteht eine Dorfstruktur wie man sie heute noch sehen kann, mit dicht beieinanderstehenden Höfen im Ortskern und eher lockerer Bebauung am Dorfrand.

Die extrem schwierigen Lebensbedingungen im Urwald ermutigen in den Folgejahren nur wenige Neuankömmlinge, hier ansässig zu werden, so dass das Dorf im Jahre 1818 nur aus 13 Häusern mit 70 Einwohnern besteht. Bis Anfang des 20. Jahrhunderts wächst der Ort vor allem durch Erbteilung auf insgesamt 43 Gehöfte mit über 250 Einwohnern. Heute

sind es nur noch 150 auf 40 Gehöften und in 60 Haushalten. Uns interessiert, wie die Menschen hier auf den kleinen Inseln in der jüngsten Vergangenheit gelebt und gearbeitet haben. Dazu befragen wir einen Zeitzeugen und treffen uns mit Helmut Richter, Mitte 90 und ältester Bürger von Lehde. Wir besuchen ihn in seinem Haus. Er begrüßt uns im Garten, führt uns zu einem Platz unter Obstbäumen, rückt Stühle zurecht, legt bunte Kissen auf die Sitzflächen, damit es auch schön bequem ist, wie er sagt. Der Garten ist Teil eines recht großen Grundstücks, mit dem typischen Spreewälder Blockhaus, 1890 erbaut, daran angefügt die Stallungen. Ans Ende grenzt das Fließ mit dem „Gässchen", dem eigenen Fährhafen.

Helmut Richter ist hier geboren und aufgewachsen. Er heiratet in Lehde, bekommt mit seiner Frau sechs Kinder, übernimmt den Hof. Er erzählt: „Wir haben hier von Ackerbau und Viehzucht gelebt. Diese Arbeit hat den Tagesrhythmus bestimmt.

In aller Frühe, so gegen fünf Uhr sind wir aufgestanden und haben natürlich immer zuerst das Vieh versorgt. Danach ging es auf die Äcker oder Wiesen mit dem Kahn. Bis zu zwei Stunden mussten wir durch die Fließe staken, ehe wir anlandeten. Alles war schwere Handarbeit. Die Wiesen mähten wir

Im Freilandmuseum Lehde werden typische Haus- und Hofanlagen aus dem Spreewaldgebiet gezeigt, die die Wohn- und Lebensweise der Bevölkerung bis Mitte des 19. Jahrhunderts dokumentieren

mit der Sense, die Felder wurden mit dem Spaten umgegraben. Der Boden war fruchtbar, das Gemüse und Korn von bester Qualität, nicht mit den Erzeugnissen im Supermarkt von heute zu vergleichen.

Das Weideland wurde nicht anders bewirtschaftet, denn nur gesunde und fruchtbare Wiesen geben eine gute Rinderzucht. Der Spreewald war früher wegen seiner guten Viehzucht weit über die Grenzen hinaus bekannt."

Uns interessiert, wie die Großfamilie mit Großeltern, Eltern und sechs Kinder in einem Haus gelebt hat?

„Wir haben gelebt wie alle hier auf den Kaupen. Vier Generationen unter einem Dach, das hat auch gute Seiten. Niemand ist allein, jeder wird gebraucht, hat seinen Platz. Wir waren mit dem, was wir besaßen, zufrieden, hatten Spaß und Vergnügen. Sehen Sie sich um: Ich lebe in einer einzigartigen Landschaft, gemeinsam mit meiner Tochter und den Nachbarn gegenüber. Um mein Leben muss ich mir keine Sorgen machen. Es ist aber etwas anderes, was uns hier in Lehde stark beunruhigt, denn nur noch wenige Bauern bewirtschaften ihre Höfe. Was soll werden, wenn die Bauern ihr Land nicht mehr bestellen?"

Wir wissen darauf keine Antwort. Vielleicht sind die Veränderungen hier in Lehde dem Zeitenwandel geschuldet wie anderswo? Zwar ist der idyllische Landschaftscharakter mit den Fließen und Kaupen, den Blockhäusern und Blumengärten davor noch so erhalten wie einst, aber an Stelle der traditionellen Erwerbsquellen Ackerbau und Viehzucht, Handwerk und Gewerbe treten neue Wirtschaftsstrukturen. Heute dominieren das Gast- und Hotelgewerbe sowie die Tourismusbranche in vielerlei Weise das Erwerbsleben der Einwohner. Das begehrte Spreewaldgemüse in den Supermärkten kommt nicht mehr aus den Dörfern des inneren Spreewaldes, wird industriell in seinen Randzonen produziert. Der Heuschober, einst zweckmäßiger Futtermittelspeicher, wurde in seiner besonderen Form zu einem typischen Wahrzeichen der Region. Seine wirtschaftliche Bedeutung hat er heute verloren und posiert jetzt nur noch als Highlight für die Digitalkameras der Touristen.

Vor dem Hintergrund dieser Entwicklung drängt sich uns die Frage auf, welches Landschaftsbild sich um Lehde entwickeln wird, wenn die Landwirte Wiesen und Äcker nicht mehr bewirtschaften, ihre Höfe aufgeben und die Natur ausschließlich sich selbst überlassen bleibt.

Typischer Wohn- und Schlafraum für mehrere Generationen mit großem Familienbett aus dem 19. Jahrhundert

links:
Ein Spreewaldhaus – voraussichtlich Ende des 19. Jahrhunderts erbaut – mit „Gässchen", dem Hafen für den Spreewaldkahn des Bauern gleich neben dem Haus. Der Giebel ist mit gekreuzten Schlangenköpfen verziert. Nach einer Spreewaldsage bringen Schlangenpaare den Bewohnern Glück, Gesundheit und ein langes Leben.

85

Ackerbau – Landschaftskultur

Wir suchen Antwort bei einem der letzten produzierenden Bauern im Ort und treffen uns mit Harald Wenske. Auch er ist in Lehde geboren, aufgewachsen und bewirtschaftet den Hof bereits in der dritten Generation. Die Familie bewohnt ein Spreewälder Blockhaus, daran die ehemaligen Stallungen und Wirtschaftsgebäude, längst umgebaut zu Ferienwohnungen. Um das Haus der Garten, an der Seite das Fließ und gegenüber auf einer Insel das nächste Gehöft.

Neben seiner Arbeit als Landwirt stakt er in der knappen freien Zeit wie früher sein Vater und Großvater mit dem Kahn Touristen durch den Spreewald, betätigt sich als Fischer, und in den ruhigeren Wochen des Winters verrichtet er Arbeiten auf dem Hof, stellt nach alter Tradition handgeflochtene Weidenkörbe für die Aufnahme und Lagerung landwirtschaftlicher Produkte her.

Der Spreewälder gilt als zurückhaltend. Zuweilen macht er nicht viele Worte, um etwas zu erläutern. Die Begrüßung ist freundlich, und so fragen wir nach den Veränderungen in der Landwirtschaft und ihren Folgen für die Landschaft um Lehde.

Bauer Wenske beschränkt sich nicht auf Erklärungen, will, dass wir die Zusammenhänge zwischen der Arbeit der Landwirte und der damit einhergehenden Landschaftspflege besser kennenlernen. Dazu stakt er uns mit dem Kahn zu seinen Feldern und den Wiesen. Wir legen von seinem Haus ab, fahren an Kaupen vorbei. Uns bietet sich ein Bild, wie es auch Theodor Fontane gesehen hat: „Die Spree bildet die große Dorfstraße, darin schmalere Gassen von links und rechts her einmünden. Wo sonst Heckenzäune sich ziehen, um die Grenze eines Grundstückes zu markieren, ziehen sich hier vielgestaltige Kanäle, die Höfe selbst aber sind in ihrer Grundanlage meistens gleich. Dicht an der Straße steht das Wohnhaus, ziemlich nahe daran die Stallgebäude, während klafterweis aufgeschichtetes Erlenholz als schützender Kreis um das Inselchen herumläuft. Obstbäume und Düngerhaufen, Blumenbeete und Fischkasten teilen sich im übrigen in das Terrain und geben eine Fülle der reizenden Bilder."

Wir gleiten mit dem Kahn auf der „großen Dorfstraße" entlang. Laubbäume und Strauchwerk säumen die Ufer der Fließe, dahinter Felder, saftige Wiesen, dazwischen kleine Waldflächen. Alles wirkt wie ein einziger von Menschenhand

links:
Heuschober sind Wahrzeichen des Spreewaldes und stehen zwiebelförmig in der Landschaft. Wegen des manchmal hohen Wasserstandes auf den Wiesen werden sie auf Lattenrosten aufgebaut.

geschaffener großer Landschaftsgarten, denn die Pflege der kleinen Äcker ist hier Gartenarbeit.

„Das Land um Lehde ist von den Bauern in Jahrhunderten so geformt worden", beginnt Harald Wenske zu erzählen. „Was jetzt zu sehen ist, war ursprünglich tiefliegendes Land. Unsere Vorfahren haben die für den Spreewald charakteristischen Horstäcker angelegt. Dazu wurden Gräben ausgehoben, die humusreiche Erde verteilt und somit das Land aufgeschüttet. Sie sehen, jetzt gedeiht hier alles prächtig.

Der gute Schwarzerdeboden ist fruchtbar, das Klima günstig und Wasser gibt es im Überfluss. Die Ackerflächen zwischen den Inseln werden mit Spreewaldgemüse wie Gurken, Meerrettich, Zwiebeln, Kürbis oder Kartoffeln bestellt. Die Wiesen liefern hochwertiges Gras für die Viehzucht. Doch alles Gute ist nicht beisammen. Es ist unser Los, dass wir viele Felder und Wiesen nur mit dem Kahn erreichen und die kleinen Ackerflächen in mühevoller Handarbeit bewirtschaften müssen. Das, was wir damit verdienen, reicht nicht allein, um den Hof wirtschaftlich erhalten zu können."

Uns drängt sich jetzt die Frage auf, warum er noch die harte Arbeit des Bauern leistet, wenn die Mühen sich doch kaum lohnen würden?

Lehde ist durchzogen von Fließen – so viele Häuser, so viele Kaupen.
Das denkmalgeschützte Dorf Lehde vermittelt von allen Spreewalddörfern am besten die historisch überlieferte Lebensweise im Spreewald.

„Das frage ich mich auch hin und wieder", meint Harald Wenske nachdenklich. „Lehde ist meine Heimat. Mein Leben ist mit dem Dorf, den Menschen, der Landschaft verbunden. Von Vater und Großvater kenne ich seit meiner Kindheit die Regeln von Ackerbau, Viehzucht und Fischfang. Sie lehrten mich aber auch die Gesetze der Natur, den Respekt vor ihr und unsere Verantwortung für sie. Mit meiner Arbeit als Bauer bin ich Naturschützer und Landschaftspfleger. Was Sie an unserer Landschaft so bewundern, ist in mehr als zweihundert Jahren aus dem Zusammenspiel von Natur und Mensch entstanden. Daran haben wir Bauern einen großen Anteil. Verstehen Sie mich, dass ich dieses Leben als Bauer trotz der finanziellen Zwänge nicht einfach aufgeben kann."

Wir möchten nun doch erfahren, warum die Landwirtschaft in Lehde solche Not leidet.

„Wie ich bereits erwähnte, liegt das nicht an uns Bauern. Wir wollen die Felder bewirtschaften und wie früher hochwertiges Vieh züchten. Nur unter den gegenwärtigen Bedingungen können wir davon nicht leben: Die Milchproduktion ist seit den 1990er Jahren eingestellt, rentiert sich erst ab 100 Milchkühen. Dazu fehlen Stallungen, Kühlanlagen für die Milch ebenso wie große Mastviehanlagen. Unsere Gemüseproduktion auf den kleinen Flächen kann mit der Großproduktion im Umland nicht konkurrieren. Sie ist zeit- und arbeitsintensiv, bringt nur so viel Erträge, dass es für den Eigengebrauch und gegebenenfalls zur Belieferung von Gaststätten mit Frischgemüse reicht. Die Folgen sind leicht auszumachen: Immer mehr Bauern geben ihre Höfe auf, junge Menschen verlassen das Dorf oder sehen ihre Zukunft nicht mehr in der Landwirtschaft."

Wir fahren weiter das Fließ entlang, an gepflegten Feldern vorbei, biegen in einen schmalen Graben, so breit wie der Kahn, so lang wie das Flurstück. Er ist eine in Handarbeit mit dem Spaten gegrabene schmale Wasserstraße, auf der der Bauer mit dem Kahn vom Fließ zum Feld oder zur Wiese gelangt. Ohne Gräben käme er nicht an sein Land. Und so säubert er die Gräben mit der Sense Jahr für Jahr mehrmals von Gestrüpp, entschlackt den Grund von Wasserpflanzen.

„Die Pflege der Wasserstraßen, gleich welcher Größe, hat noch einen anderen Effekt", klärt er uns auf. „Früher zerstörten teilweise große Sommerhochwasser die Ernten. Um hier Abhilfe zu schaffen, hat der Staat schon Ende des 17. Jahrhunderts angewiesen, alle Fließe, Kanäle und Gräben regelmäßig vom Kraut zu räumen, denn Hochwasser kann in ausgekrauteten Gewässern schneller abfließen."

Der Kahn hält am Rand des Feldes, das mit Meerrettich bepflanzt ist. Das Gemüse, ursprünglich in Ost- und Südeuropa beheimatet, ist hier weit verbreitet, denn der Spreewald gilt in Deutschland als ein Zentrum des Meerrettichanbaus. Meerrettich erlangt zuerst als Heilpflanze Bedeutung, ehe er als Gewürz zur Abrundung von kalten Speisen, Fleischgerichten oder Fisch Verwendung findet. In der Naturheilkunde hat er heutzutage noch einen festen Platz. Wegen des hohen Anteils an Vitaminen, Mineralstoffen und ätherischen Ölen stärkt er das Immunsystem, regt Herz und Kreislauf an, schützt vor Erkältungskrankheiten, löst Husten und ist auch wirksam gegen Magen-Darm-Störungen.

Hier auf den Kaupen gedeiht in der fruchtbaren Erde ein prächtiges Gemüse. Die Stauden sind kräftig im Wuchs, werden über einen Meter hoch, stehen ausgerichtet in Reih und Glied. Harald Wenske ist stolz auf sein Feld, lockert im Boden eine Pflanze, zeigt uns die 30 bis 40 cm lange Meerrettichwurzel, die er im November ernten wird.

„So ein Feld verlangt viel Arbeit, die sich gegenüber früher nicht grundsätzlich verändert hat", berichtet Harald Wenske. „Hier nützt uns moderne Technik nichts. Die natürlichen Gegebenheiten mit den Fließen und Gräben zwischen den Äckern lassen einen Einsatz von Maschinen nicht zu. Wie schon gesagt, sind die Felder, wie dieses hier, nur mit dem Kahn zu erreichen, der Boden ist zu feucht und deshalb maschinell nicht zu bewirtschaften. Stellen Sie sich vor, die Maschinen müssten wir mit dem Kahn herschaffen, welche Plackerei. Unter diesen Voraussetzungen ist die Handarbeit

Als Gemüsekammer Deutschlands genießt der Spreewald schon seit Jahrhunderten einen guten Ruf. Neben Gurken, Zwiebeln und Kartoffeln gedeihen hier auch Meerrettich (links) oder Kürbis (rechts) ausgezeichnet.

Bauer Harald Wenske bringt per Kahn Gras als Futtermittel für das Vieh zu seinem Gehöft

noch heute gang und gäbe. Das bedeutet: Den Dung bringen wir von unserem Hof mit dem Kahn bis zum Feld, vom Kahn mit einer Karre auf den Acker, der Boden wird von Hand mit dem Spaten umgegraben. Danach bringen wir die Pflanzen in die Erde, natürlich wieder mit der Hand, jäten auf gleiche Weise das Unkraut und ernten im November die Früchte, die wieder unter großen Anstrengungen per Kahn zum Hof gebracht werden. So haben es schon unsere Vorfahren gemacht, wir arbeiten noch heute nach der gleichen Methode, weil es keine andere Bewirtschaftungsform gibt."

Wir steigen wieder in das Gefährt, sind ernüchtert darüber, unter welchen Mühen hier Ackerbau und Viehzucht betrieben werden, vom frühen Morgen bis zum späten Abend, bei Wind und Wetter, im Regen, bei sengender Sonne und im nasskalten Novembernebel. Der Bauer stakt den Kahn in den nächsten Graben, der zu einer Wiese führt, auf der seine kleine Rinderherde grast. Bauer Wenske erzählt, dass bei guten Witterungsbedingungen die Wiesen zwei- bis dreimal im Jahr gemäht werden. In früheren Zeiten hat der Landwirt so große Mengen Heu eingebracht, die er auf seinem Hof nicht verwerten und daher für gutes Geld verkaufen konnte.

Damit das Weideland fruchtbar bleibt, werden nur noch hier in Lehde alte Erfahrungen der Großväter genutzt. Im Winter schließen die Bauern die Wehre und schwemmen die Wiesen. So gelangen mit dem Wasser nährstoffreiche Schwebstoffe auf die Wiesen und bilden im Frühjahr, wenn das Wasser wieder abfließt, den besten Naturdünger.

Wir erreichen die Herde. Der Bauer spricht die Tiere an, ein lustiges Schauspiel folgt. Die Leitkuh erkennt seine Stimme, alle kommen bis an den Rand des Grabens, wie zur Begrüßung oder in Erwartung eines Geschenks. Im Gras steht ein Fischreiher auf seinen dünnen Beinen, weiter hinten am Waldrand springt ein Fuchs. Der Kahn gleitet wieder in das breite Fließ.

Was wird aus der Landschaft, wenn in Lehde die Landwirte ihre Höfe aufgeben?

Bauer Wenske zeigt auf Flächen hinter dem Fließ, weit und breit nur von Schilfgras, Gestrüpp und wilden Sträuchern

Überschwemmte Wiesen

überwuchert, bis an den Uferrand. Er sagt: „Hier sehen Sie, was geschieht, wenn Äcker und Wiesen nicht mehr bewirtschaftet werden, sich selbst überlassen bleiben, als Brachland mehr und mehr verwildern."

Das vorher so typische Landschaftsbild mit den sich wechselnden Streuwiesen, Feldern und Wäldern, ist vom Wildwuchs zerstört. Meterhoch sind die wuchernden Pflanzen am Ufer, versperren die Sicht in die Natur, erlauben nur den Blick das Fließ entlang wie in einem Tunnel. Am Rand die Rudimente eines Grabens, zugewachsen, verstrüppt, unbefahrbar. Ein Land, vom Menschen verlassen, verliert seine markanten eigenständigen Reize als Kulturlandschaft.

„Wo kein Bauer arbeitet, da gibt es auch keine Landschaftspflege", sagt Harald Wenske. „Von der altherge-

brachten Kulturlandschaft bleibt nicht mehr viel. Schon jetzt befindet sich Wildwuchs überall dort, wo Bauern das Land nicht mehr bewirtschaften. Die Lage wird sich noch zuspitzen. In Lehde werden weitere bäuerliche Wirtschaften aufgeben. Ich bin Anfang 60, mein Sohn wird den Betrieb nicht weiterführen, dann ist Schluss."

Wir sind betroffen. Seit Jahrhunderten sind in Lehde die Menschen im Bündnis mit den Kräften der Natur damit beschäftigt, an diesem einzigartigen Kulturland zu bauen. Und seit Jahrhunderten wird das Land von Menschen genutzt und von ihm geprägt. Wie nun diese Kulturlandschaft zukünftig beschaffen sein wird, hängt vor allem davon ab, wie wir Menschen mit ihr umgehen, was wir für ihren Schutz und ihre Pflege tun. In der Gemeinde Lehde erhalten bis jetzt die wenigen noch produzierenden Landwirte den alten landschaftlichen Zustand. Noch gelingt es ihnen weitgehend, die Felder und Wiesen, aber auch das sensible Labyrinth der Gräben in Ordnung zu halten.

Wenn das zerbricht und hier in Lehde das vielfältige mosaikartige Erscheinungsbild des Spreewaldes abhandenkommt, weil die finanziellen Mittel zur Förderung der Landwirtschaft nicht bereitgestellt werden, dann wäre das ein Verlust an Landschafts- und Menschheitskultur europaweit.

Beim Ortsvorsteher

Wir interessieren uns für die Zukunft des idyllischen Spree-
walddorfes Lehde und stellen Fragen nach den Perspektiven
des Ortes, den Alternativen zwischen Tradition und Moderne,
zwischen Erhaltung der Kulturlandschaft und dem Zeitenwandel.

Für Antworten darauf treffen wir den Ortsvorsteher Ulf
Richter. Er ist Mitte vierzig, Bauingenieur von Beruf, in Lehde
aufgewachsen, wie sein Vater und Großvater. Als ehrenamt-
licher Ortsvorsteher für das Dorf weiß er genau, dass die
Zukunft von Lehde von weit mehr abhängt als den scheinbar
„kleinen" dörflichen Belangen.

„Das moderne Zeitalter geht auch an Lehde nicht spurlos
vorbei, wie viele Veränderungen belegen", beginnt er zu
erzählen. „Noch in den 1950er Jahren haben wir zum Kochen
oder Waschen das Wasser aus dem Fließ geschöpft. Das ist
längst Vergangenheit, alle Haushalte sind an ein zentrales
Wasser- und Abwassernetz angeschlossen. Die Versorgung
des Ortes erfolgt mit Lastkraftwagen, und die Einwohner
erledigen ihre Einkäufe weitestgehend nur noch mit dem
Auto. Dennoch: Der Kahn ist und bleibt für Transporte in
Lehde ein wichtiges Verkehrsmittel, nicht nur für Touristen,
vor allem für die Bewohner der Kaupen und die Landwirte."

Die infrastrukturellen Entwicklungen bringen für das
Leben im Ort so manche Erleichterung. Seit 1990 haben die
wirtschaftlichen Bedingungen die Landwirtschaft und den
Tourismus verändert. „Der Tourismus", so der Ortsvorsteher, „wurde bis Mitte der 1990er Jahre von den Kahnfahrten der Tagestouristen bestimmt. Gaststätten und
Hotelbetten gab es nur wenige, Paddelboote standen kaum
zur Verfügung.

Heute ist das ganz anders: Das Interesse an den traditionellen
Kahnfahrten ist zurückgegangen, der Paddelbootverleih, der
Rad- und Wandertourismus erleben einen großen Aufschwung. Standen zum Beispiel im Oberspreewald 1985 rund
250 Boote zur Verfügung, so sind es jetzt 2 500, nicht einge-
rechnet jene Besucher, die ihr Paddelboot mitbringen. Zahlreiche Restaurants und Hotels bieten Gastlichkeit, Kioske und
Shops stehen im Dorfzentrum und wer Platz im Hause hat,
vermietet an Touristen. Diese Branche prosperiert, was sich
auch in der Anzahl der Beschäftigten niederschlägt. Lehde

bietet in der Saison rund 150 Menschen aus den umliegenden Ortschaften einen Arbeitsplatz."

Da das Gewerbe Umsatz macht und die Menschen auf die eine oder andere Weise verdienen, fragen wir den Ortsvorsteher, was ihm Sorgen bereite?

„Was uns beschäftigt, hat Ihnen Bauer Wenske sicher erzählt. Es geht um die Zukunft des Spreewaldes als Kulturlandschaft. Wir müssen bilanzieren: Die traditionelle Bauernwirtschaft gibt es schon seit 15 Jahren nicht mehr. In Lehde kann unter den spezifischen Landschaftsbedingungen niemand von der Landwirtschaft als Haupterwerbszweig leben. Nicht dass die Bauern es leid sind, diese körperlich schwere Arbeit zu verrichten. Wie vor 50 Jahren möchte und kann aber keiner mehr arbeiten. Die kleinen nur mit dem Kahn erreichbaren Inselflächen sind einfach nicht rentabel zu bewirtschaften. Ohne eine langfristig berechenbare finanzielle Förderung, ohne eine Unterstützung in welcher Form auch immer, geht es einfach nicht. Die Europäische Union, die Bundesregierung und das Land Brandenburg haben in der Vergangenheit einige Löcher gestopft. Doch die Hilfsmaßnahmen waren nicht nachhaltig, versiegten bald. Seit 2007 sind die finanziellen Programme zur Unterstützung der kleinteiligen bäuerlichen Landwirtschaft eingestellt. Aber es ist doch eine Tatsache:

Für die Bauern in Lehde ist noch heute der Kahn das wichtigste Transportmittel zum Feld und wieder zurück zum Hof

Weißstörche gehören zur Spreewaldlandschaft und nisten fast in jedem Dorf. „Meister Adebar" findet hier im wechselfeuchten Grünland ideale Lebensbedingungen.

Nutznießer der einmaligen Kulturlandschaft sind nun mal vor allem die vielen tausend Besucher im Jahr. Und so frage ich mich, warum bei diesem großen nationalen und internationalen Interesse die landschaftspflegerische Arbeit der Bauern hier in Lehde nicht öffentlich gefördert und entsprechend honoriert wird."

Wenn das Geld ausgeht, was wird dann aus den Äckern und Wiesen, wollen wir wissen?

„Die Äcker überwuchern mit Gestrüpp, Wiesen verwildern, ein scheinbarer Urwald entsteht mit großen Auswirkungen auf Flora und Fauna. Viele Großvögel, wie zum Beispiel der Weißstorch, brauchen bewirtschaftete Wiesen und Grabenränder, um existieren zu können. Im hohen Gestrüpp kann er sich nicht bewegen, findet kaum Nahrung für seine Jungen. Deshalb besteht die Gefahr, dass er hier bald nicht mehr nistet, es den Storch im inneren Spreewald dann nicht mehr gibt. Überzogene, die Bedingungen des Spreewaldes ignorierende Naturschutzgesetze, verschärfen die Lage in unserem Raum."

Könnte der Tourismus die schlüssige Alternative sein?

„Die Touristen unserer Tage erleben unsere Landschaft sehr unterschiedlich. Es besuchen uns solche, die den Wildwuchs als eine idyllische, urwüchsige Naturkulisse, als eine Art Urwald, wahrnehmen. Sie kennen den Spreewald nur in dieser Art und Weise. Aber Urwald war und ist er schon mehrere hundert Jahre nicht mehr.

Durch Menschenhand ist hier eine parkartige Kulturlandschaft geschaffen worden, in der das Wechselspiel zwischen Wasser, ursprünglicher Natur, bewirtschafteten Äckern und Wiesen den besonderen Reiz ausmacht. Diese Vielfalt verschwindet, wenn Wiesen und Felder zuwachsen. Der Spreewald verliert damit viel an seiner Attraktivität.

Es besteht die Gefahr, dass die Besucher ausbleiben, die den traditionellen Spreewald anders kennen und bewundern. Tourismus ist doch für uns kein Neuland und unsere Erfahrungen lehren: Viele Touristen kommen hier her, um eine authentische Kulturlandschaft erleben zu können."

Wenn die Zukunft von Lehde mit der Existenz der Bauern verbunden ist, was sollte dann geschehen?

„Meine Vision: Lehde und die anderen Spreewaldregionen brauchen eine langfristige und kalkulierbare finanzielle Förderung für Ackerbau und Viehzucht, das heißt vor allem für die Landschaftspflege. Leistungen, die unsere Bewohner

Auf der Hauptspree bei Lehde

unter großen Anstrengungen für die Pflege und Erhaltung der Landschaft vollbringen, müssen angemessen honoriert werden.

Nur so wird es möglich, die Spreewälder Landwirte dafür zu motivieren. Es gibt seit einiger Zeit die Stiftung ‚Kulturlandschaft Spreewald'. Wir setzen in sie unsere Hoffnungen auf die Finanzierung von Projekten, die der nachhaltigen Entwicklung und Bewahrung der von Menschenhand geformten Kultur- und Naturlandschaft des Spreewaldes dienen."

Wir hoffen, dass sich die Vision des Ortsvorstehers erfüllt. Findet Vernunft nicht den Weg und bleibt das Zusammenspiel von Landschaftspflege, Ackerbau, Viehzucht und sanftem Tourismus nicht erhalten, dann geht uns und den nachfolgenden Generationen die Kulturlandschaft Spreewald für immer verloren.

SCHWIELOCHSEE:
VON TREBATSCH NACH GOYATZ

Es ist Herbst. Die Zeit der Metamorphose des Waldes bis in seinen Winterschlaf mit den so typischen Laubfärbungen weckt besondere Emotionen. Wanderlust führt uns an den nordöstlichen Rand des Spreewaldes zum Schwielochsee – von Trebatsch nach Goyatz. Die Region ist uns noch weitgehend unbekannt. Die Wanderung soll nun Ansichten zu Einsichten über das Land, seine Geschichte, die Menschen mit ihrer Kultur und Lebensweise führen. Das wird uns insoweit gelingen, wie wir uns auf all das einlassen und uns dazu bewusst in ein erkennendes und bekennendes Verhältnis setzen.

Theodor Fontane schreibt: „Du wirst Entdeckungen machen, denn überall, wohin du kommst, wirst du eintreten in jungfräuliches Land, … du wirst Schlachtfelder überschreiten, Wendenkirchhöfe, Heidengräber, von denen die Menschen nichts mehr wissen. Und statt der Nachschlagebuchs- und Allerweltsgeschichten werden Sagen und Legenden und hier und da selbst die Bruchstücke verklungener Lieder zu dir sprechen."

Trebatsch, die erste Station der Wanderung, ist wie die Mehrzahl der hier gelegenen Dörfer slawischen Ursprungs. Die wasserreiche Landschaft mit sumpfigen Niederungen, sandigen Moränen, dichten Wäldern, einer reichen Flora und Fauna bietet den slawischen Stämmen besonders günstige Bedingungen zur Ansiedlung.

Das slawische Wort „treba" (Opfer) im Ortsnamen, aber auch Burgwallreste oder Scherben von Gefäßen älter als 3 000 Jahre zeugen davon, dass hier einst eine Wohn- und Kultstätte der Slawen stand. Die „Serbski", wie sie sich selbst nennen, leben von dem Überfluss, den die üppige Natur bietet.

Nach offiziellen Unterlagen wird der Ort urkundlich erstmalig 1324 erwähnt. Man ist sich jedoch über das Gründungsdatum offensichtlich nicht ganz einig, denn nach gründlichen Recherchen des Chronisten Lothar Gosche ist der Ort bereits 1004 mit dem Namen „Triebus" in einer Schenkungsurkunde Kaiser Heinrich II. an das Kloster Nienburg an der Saale festgehalten.

Wie alt der Ort auch ist, können wir nicht prüfen, fest steht jedoch, dass sich in den Folgejahren für die hier siedelnden

Slawen die Zeiten einschneidend ändern. Die um die Jahr-
tausendwende einsetzende deutsche Besiedlung hinterlässt
auch in dieser Region tiefe Spuren. Kolonialisierung und
Christianisierung durch Deutsche, verbunden mit der Ein-
führung von neuen Wirtschafts-, Kultur- und Lebensformen
zwingen den slawischen Stämmen neue Herausforderungen
auf. Deutsche und Slawen leben zwar nebeneinander, doch
im Umgang nicht immer friedlich.

Dann der Dreißigjährige Krieg mit Elend und Tod. Die Pest
wütet im Land, Ackerbau und Viehzucht liegen am Boden,
Hunger treibt die Menschen davon.

Erst mit Beginn des 18. Jahrhunderts verbessert sich allmählich die Lage der Menschen. Preußens Soldatenkönig Friedrich Wilhelm I. erwirbt 1737 die Rittergüter in und um Trebatsch und führt sie zu einer Domäne zusammen. Neue Dörfer entstehen im Umfeld, denn wie überall in Preußen siedeln
auch in der Niederlausitz ausländische Arbeitskräfte.

Blick auf Trebatsch mit seinem Wahrzeichen – der Kirche –, 1868/69 im neugotischen Stil nach Plänen von Friedrich August Stüler (1800–1865), einem Schüler von Karl Friedrich Schinkel, errichtet

Begegnung mit Ludwig Leichhardt

Wir machen einen Zeitsprung ins Jahr 1813. Die Befreiungs-
kriege gegen die napoleonische Fremdherrschaft sind voll
entbrannt. Preußen erklärt Frankreich den Krieg und nach
dem Wiener Kongress von 1815 fällt die Region um den
Schwielochsee an die Krone Preußens.

Das ist die große Geschichte. Doch das Jahr 1813 hat für Trebatsch noch eine weitere Bedeutung. Hier im Ortsteil Sabrodt

Porträt des Vaters von Ludwig Leichhardt: Christian Hieronymus Matthias Leichhardt, königlicher Torfinspektor

Porträt von Ludwig Leichhardt (1813–1848), auch „Humboldt von Australien" genannt

Beide Porträts wurden 1938 von Elisabeth Wolf nach Vorlagen ihres Großvaters, des Malers Friedrich Wilhelm Schmalfuß (1791–1874), angefertigt. Schmalfuß war der Schwager und enge Vertraute Ludwig Leichhardts.

wird am 23. Oktober der herausragende Botaniker, Zoologe, Geograph und berühmte Australienforscher Friedrich Wilhelm Ludwig Leichhardt geboren, der „Humboldt Australiens".

Wir wissen wenig über ihn, kennen kaum mehr als seinen Namen. Der Schulunterricht hat es versäumt, Leben und Werk des Entdeckers und Forschers zu vermitteln, und in der breiten Öffentlichkeit findet er noch heute nicht die ihm gebührende Wertschätzung.

Ein Los, das Leichhardt wohl schon zu Lebzeiten zu tragen hat. So schreibt Alexander von Humboldt in einem Brief von 1851 an den Verleger Zuchold, dass es für ihn immer unbegreiflich gewesen sei, warum der Name Leichhardt in Deutschland so wenig Anklang findet, während man ihn in England wegen seiner Kenntnisse, Charakterstärke und geographischen Entdeckungen hoch achtet.

Wir fragen uns, was Leichhardt für ein Mann ist, suchen Antworten im örtlichen Ludwig-Leichhardt-Museum, das einzige dieser Art deutschlandweit mit einem repräsentativen Fundus an Informationen, Dokumenten und Zeugnissen.

Am Eingang zum Museum, einer ehemaligen Bauernscheune, treffen wir Lothar Gosche. Er hat an der Gestaltung und Arbeit des Museums gebührenden Anteil und sich über die Jahre mit Studien zur Regionalgeschichte Verdienste erworben.

Lothar Gosche führt uns durch die Räume. Das Obergeschoss beherbergt eine Ausstellung mit land- und hauswirtschaftlichen Geräten aus dem 19. Jahrhundert, darunter Gegenstände, wie sie auch die Leichhardts zur Flachs- und Torfgewinnung benutzten. Im Erdgeschoss dann die Ausstellung über die Familie sowie das Leben und Wirken des Forschers mit sorgsam ausgewählten Exponaten, Bildern, Berichten, Briefen und Skizzen. Ein Schulzimmer aus dem 19. Jahrhundert ist zu besichtigen, und im „Trebatsch-Zimmer" wird anhand vieler Zeitdokumente die 1000-jährige Geschichte des Ortes eindrucksvoll belegt.

Wir fragen nach der Persönlichkeit Leichhardts. „Was den reifen Naturwissenschaftler und Entdecker Leichhardt auszeichnet, ist bereits in frühen Kinder- und Jugendjahren begründet", sagt Lothar Gosche.

Ludwig Leichhardt kommt als sechstes Kind von neun auf die Welt. Sein Vater, ein königlicher Torfinspektor, betreibt Holz- und Torfhandel. Die Mutter ist eine mit der Region verbundene Frau.

Über den jungen Ludwig wird berichtet, dass er eine schwächliche Konstitution besitzt und zur Kurzsichtigkeit neigt. Im Umgang mit Mitschülern soll er ruhig und schweigsam gewesen sein, eher ein Einzelgänger, ängstlich und schüchtern. Doch der Junge besitzt auch Eigenschaften, die ihn weit über andere hinausheben. Hervorstechende Intelligenz, eine schnelle Auffassungsgabe und enorme Willenskraft veranlassen die Eltern, Ludwig zur weiteren Ausbildung nach Zaue in die Obhut von Pastor Rödelius zu geben. Der Pastor bereitet eine Schülergruppe von 15 Zöglingen auf den Besuch eines Gymnasiums vor, unterrichtet sie in Mathematik, Deutsch, Fremdsprachen, Religion, Kunst und Musik. Nach dem Unterricht unternimmt Pastor Rödelius mit den Schülern Ausflüge in die Umgebung, lehrt sie, die Erscheinungen der Natur wahrzunehmen.

Vermutlich werden bereits in dieser frühen Phase Interesse und Leidenschaft des jungen Ludwig für die Naturwissenschaften geweckt. Er unternimmt Wanderungen in die Umgebung, sammelt allerlei Pflanzen, Tiere und Gestein.

Ludwig Leichhardt besucht das Friedrich-Wilhelm-Gymnasium in Cottbus, das er erfolgreich abschließt. Im Reifezeugnis bescheinigen ihm die Lehrer eine außergewöhnliche Begabung und die Fähigkeit zu höheren wissenschaftlichen Studien.

Anschließend studiert er an der Friedrich-Wilhelm-Universität Berlin, der heutigen Humboldt-Universität, danach an der Universität Göttingen und später wieder in Berlin alte Sprachen, besucht Vorlesungen in Philosophie, Naturwissenschaften und Medizin.

links:
1988 wurde das Leichhardt-Museum eingeweiht. Es ist das einzige in Deutschland, das dem 1813 in Sabrodt, einem Ortsteil von Trebatsch, geborenen Australienforscher gewidmet ist.

rechts:
Im Museum ein Schulzimmer, wie es zu Leichhardts Zeiten üblich war

Der Weg führt ihn auch nach London und Paris. Er betreibt hier Studien in Zoologie, Botanik und Geologie.

Doch immer wieder sucht Leichhardt die Natur. Sie ist Inspiration und „Symbol der Gottheit", wie er schreibt. Mit Freunden unternimmt er ausgedehnte Wanderungen. Nach einer Harzwanderung schreibt er begeistert den Eltern: „Das muntere Wandern, das denkende Herumbewegen zwischen den Wunderwerken der Natur, die schöne Abwechslung von Ermattung und Ruhe hat einen großen, unendlichen Reiz. Ich möchte wohl immer so wandern, wenn es ginge."

Forschend zu wandern, dabei die Natur als Ganzes vor Augen und zugleich akribisch das Detail entdecken, wird ihn nie mehr verlassen. Natur ist für Leichhardt Quelle der Erkenntnis, des Schönen und Vollkommenen zugleich. Und so erkennt er, dass der Mensch als Teil der Natur in Harmonie mit ihr leben muss. Der Mensch ist nicht ihr Herrscher. Seine Pflicht ist es, die Natur zu gestalten, um sie sich für höhere Zwecke nutzbar zu machen, aber keinesfalls für Ruhm, Ehre oder Profit.

In sein Tagebuch schreibt er: „Wenn ich allein stehe und ein weites, herrliches Kunstwerk Gottes überschaue, wenn ich denke, daß wir Menschen gleichsam zu Hütern gestellt sind über diese Natur, so ergreift mich ein wunderbares Gefühl."

Ende 1839 trifft Ludwig Leichhardt die Entscheidung, irgendwann später nach Australien zu gehen, um das Land und seine Natur zu erforschen. Doch bevor es dazu kommt, beginnt er 1840 eine Erkundungstour durch Frankreich und Italien, wandert durch die Schweiz, betreibt geologische Forschungen, untersucht Berge und Landschaften, sammelt Fossilien, Pflanzen und Insekten.

Zu diesem Zeitpunkt hat Ludwig Leichhardt für sich längst entschieden, als Naturwissenschaftler tätig zu werden. Sein großes Vorbild findet er in Alexander von Humboldt. Er ist voller Bewunderung: „Humboldts Beispiel war und ist mir beständig vor Augen. Ich strebe ihm nach und fühle, daß meine Mittel immer noch zu gering sind, es ihm gleich zu thun, ich meine ihn den Wanderer durch Amerika …"

Am 1. Oktober 1841 ist es dann so weit. Ludwig Leichhardt beginnt von England seine Reise zum wilden, unbekannten 5. Kontinent und landet 1842 in Sydney an.

Bereits 1844 entschließt er sich zur ersten Forschungsreise ins Innere des Kontinents. Er plant, auf dem 4 800 km langen Weg von Jimbour nach Port Essington eine Nord-Ost-Route durch das Land zu finden. Nach 15 Monaten ist es geschafft. Leichhardt erreicht sein Ziel, entdeckt bei dieser Expedition des Weiteren neue Siedlungsgebiete, Australiens größtes Kohlevorkommen sowie die geographischen Bedingungen für dessen Abbau. Australien feiert den Preußen aus Trebatsch wie einen Helden. Doch Leichhardt findet keine Ruhe, beabsichtigt, den Kontinent als erster Mensch von Ost nach West zu durchqueren. Es ist eine Pioniertat. Noch nie zuvor hat ein Europäer so ein Wagnis unternommen. Ludwig Leichhardt will es schaffen.

Der erste Versuch muss wegen Erkrankungen und Überfällen der Ureinwohner abgebrochen werden. Im April 1848 bricht der Entdecker mit fünf Europäern und zwei Aborigines erneut auf, um eine Landroute nach Perth zu suchen. Auf dem Weg dorthin ist das Forscherteam verschollen. Seither ranken wilde Spekulationen um das mysteriöse Verschwinden. Bis heute bleibt sein Schicksal ein Rätsel.

Als die Expedition letztmalig gesehen wird, ist Ludwig Leichhardt 34 Jahre alt.

Mit seinen wissenschaftlichen Leistungen avanciert Leichhardt zum unbestritten berühmtesten Forscher Australiens. Noch heute kennt ihn dort jedes Kind. Zahlreiche Ehrungen werden ihm zuteil. Gebirgszüge, Flüsse, Stadtteile, Highways, Ortschaften, Farmen, Tiere, Pflanzen und vieles mehr tragen seinen Namen.

Auch die Kunst würdigt den Forscher und Entdecker aus der Niederlausitz. Das größte Denkmal setzt wohl der australische Nobelpreisträger für Literatur Patrick White mit dem Roman „Voss". Darin verarbeitet White das Leben und die Persönlichkeit Leichhardts, dessen Visionen von der Eroberung Australiens sowie die Dramatik seiner Entdeckungsreisen. „Voss" bildet die Vorlage für die gleichnamige Oper nach der Musik des bekannten Komponisten Richard Graham Meale.

In Australien gefeiert, in England und Frankreich mit höchsten Auszeichnungen geehrt, in Deutschland bis in unsere Tage weitgehend unbekannt: Da stellt sich uns die Frage, was die Gründe dafür sind.

Karte von Australien mit den Expeditionen von Ludwig Leichhardt; rote durchgehende Linie: Erforschte Nord-Ost-Route, 4 800 km von Jimbour nach Port Essington; rote gestrichelte Linie: Ost-West-Route, auf der Leichhardt verschollen ist

„Um das zu beantworten, muss ich einiges erklären", beginnt Lothar Gosche. Er erzählt: In Preußen hat man Leichhardt seinerzeit zum vaterlandslosen Gesellen erklärt, weil er sich dem Pflichtjahr beim preußischen Militär entzieht. Nach seinen eigenen Worten ist er nicht grundsätzlich gegen die allgemeine Militärpflicht, meint aber, dass in besonderen Fällen Ausnahmen gemacht werden müssten, denn er könne seinem Land und der Wissenschaft durch Reisen in die Welt mehr dienen. Nun gilt Leichhardt als Deserteur. Später gelingt es mit Unterstützung des Fürsten Pückler und Alexander von Humboldt vom Preußenkönig eine Kabinettsordre zu erhalten, der zufolge Leichhardt begnadigt wird, jedoch nach seiner Rückkehr je nach körperlicher Verfassung seinen Militärdienst nachholen soll.

Vor diesem Hintergrund hat es Preußens Obrigkeit unterlassen, den Niederlausitzer Forscher zu ehren und öffentlich zu machen, im Gegenteil. Nach der Nachricht vom wahrscheinlichen Tod des Forschers in der australischen Wüste kommentiert ein preußischer Staatsbeamter: „Das hat er nun davon, der Deserteur!"

Auch wenn während der Naziherrschaft Leichhardt als „Wehrdienstverweigerer" kein „vorbildlicher Deutscher" ist, versucht man ihn dennoch zu instrumentalisieren und den Australiern als „Vorkämpfer des Deutschtums" zu präsentieren.

Aber hier im wendisch-sorbischen Siedlungsgebiet steht das Naziregime aufgrund seiner rassistischen Ideologie und Politik vor weiteren Entscheidungen. Über 100 Dörfer, Ortsteile und Vorwerke tragen Namen slawischen Ursprungs, so die Orte Goyatz, Byhlegure oder Trebatsch. Sie sollen 1937 im Rahmen einer „Germanisierungs-Kampagne" umbenannt werden. Und obwohl die politischen Machtstrukturen eine distanzierte Haltung zu Leichhardt haben, verfügt der Oberpräsident der Provinz Brandenburg mit Wirkung vom 1. Dezember 1937 der Gemeinde Trebatsch den Namen „Leichhardt" zuzuerkennen.

Das stößt bei den Bewohnern auf Ablehnung, weil die Leute aus den Nachbardörfern sie als „Leichenheinriche" verspotten.

In der Nachkriegszeit wollen die Einwohner offensichtlich dem Ort seinen alten Namen wiedergeben. Im Februar 1947 werden die Ortsschilder „Leichhardt" gegen „Trebatsch" ausgetauscht, ohne dass das von offiziellen Stellen veranlasst

Statue von Ludwig Leichhardt in Sydney (Australien) im Departement of Building; zu Ehren Leichhardts bereits 1890 errichtet; aus Sandstein geschlagen

worden ist. Seit dieser Zeit heißt der Ort wieder Trebatsch. Auch zu DDR-Zeiten tut man sich mit dem Forscher Leichhardt anfangs schwer. Schließlich haben die Nazis ihn ideologisch okkupiert. Allmählich soll sich das ändern. Ab Mitte der 1950er Jahre beginnen erste Ehrungen. Man setzt einen Gedenkstein vor die Trebatscher Schule, verleiht ihr 1980 seinen Namen. Die Bemühungen der Leichhardtfreunde finden in der Öffentlichkeit gebührende Anerkennung. Einen weiteren Schub erhält diese Entwicklung mit der Gründung und Einweihung des Ludwig-Leichhardt-Kulturzentrums 1988 anlässlich seines 175. Geburtstages.

Gedenkstein für Ludwig Leichhardt in der Ludwig-Leichhardt-Straße

„In Trebatsch", so erzählt uns Lothar Gosche, „wird viel getan, um Leichhardt einer breiten deutschen Öffentlichkeit bekannt zu machen. Inzwischen sind Schulen in Cottbus, Tauche und Goyatz nach ihm benannt, wir nutzen das Museum als Stätte der Begegnung und Information mit Konferenzen, Vorträgen oder Führungen, organisieren Kultur- und Sportveranstaltungen. Es gibt auch eine relativ breite publizistische Aufarbeitung über das Leben und die Leistungen Leichhardts, Biographien, wissenschaftliche Arbeiten über Spezialthemen. Doch Höhepunkte der Leichhardt-Ehrungen sind der seit 1981 jährlich durchgeführte Leichhardt-Jubiläumslauf und die Konferenzen anlässlich seines Geburtstages mit großem Engagement der australischen Partner im gemeinsam gegründeten deutsch-australischen Leichhardtverband sowie weiteren nationalen und internationalen Leichhardtfreunden."

Der Museumsbesuch in Trebatsch ist für uns ein Erlebnis. Die Exponate vermitteln tiefe Einsichten in die Regionalgeschichte, die Lebensweise der Menschen. Vor allem aber sind wir dem herausragenden Forscher und Entdecker Ludwig Leichhardt begegnet, haben sein Leben und seine enormen Leistungen kennengelernt.

Wandern wie Leichhardt

Wir wollen weiter nach Zaue, wenn möglich auf der Wegstrecke des jungen Ludwig Leichhardt von seinem Elternhaus in Sabrodt zum Schulunterricht des Pastors Rödelius. Ludwig Leichhardt unternimmt hier viele Wanderungen mit seinem Vater, seinem „innigsten Freund", wie er schreibt, aber auch allein. Briefe aus der Ferne an die Mutter belegen, dass

Wanderweg am Ufer des Schwielochsees von Trebatsch nach Zaue

ihn die frühen Eindrücke von der Heimat, vor allem die Streifzüge durch das Luch ein Leben lang begleiten.

Wir fragen Lothar Gosche nach dem Weg und was uns erwarten wird.

„Ich kann eine interessante Wanderung empfehlen, den 6,5 km langen Leichhardt-Wanderweg vom wahrscheinlichen Geburtshaus in Sabrodt durch das Sawaller Luch, am Teufelsstein vorbei, um den Swietensee herum und hinauf zum Swietenberg", sagt Lothar Gosche und weiter: „Das Luch war die eigentliche Wirkungsstätte des Vaters von Ludwig Leichhardt, des königlichen Torfinspektors. Meterdicke Torfschichten wurden hier abgetragen, getrocknet und als Brennmaterial verschifft. Noch heute ist ein Torfgraben zu sehen, der aus dem Luch zum Swietensee und weiter durch den Swietengraben zum Schwielochsee führt. Er bildete die Straße für die Torfkähne zur Torfablage am Schwielochsee."

Wir folgen dem Vorschlag, gehen zunächst durch das Sawaller Luch. Mächtige Findlinge kennzeichnen markante Stätten und Wegpunkte, die alle in irgendeiner Beziehung zu Leichhardt stehen, so ein Stein, der auf das nahe Grundstück der Leichhardts verweist.

Hier im Moor liegen wohl auch die Wurzeln für die tiefe Verbundenheit des jungen Ludwig mit der Natur. Im Sawaller Luch entwickelt er seine Entdeckerfreude, seine Beobachtungsgabe und seine Sammelleidenschaft. In einem Brief vom Februar 1837 bekennt Leichhardt, dass ihm das Herz beim Abschied von Trebatsch blutete, als ob er geahnt hatte, dass es ein Abschied für immer von seiner Familie und von seinem moorigen Luch sein sollte.

Weiter geht es zu den kiefernbewachsenen Sandablagerungen, zur früheren Grenze zwischen Sachsen und Preußen, zum Teufelsstein, einem 1,5 Quadratmeter großen Felsstein der letzten Eiszeit. Auch um diesen Stein rankt eine Sage, die auf einer Tafel nachzulesen ist.

Der Weg führt durch den Wald, am Sawaller Weinberg vorbei zum Swietenberg mit dem Leichhardt-Aussichtspunkt. Von hier öffnet sich ein beeindruckendes Panorama zum Luch und zum Schwielochsee.

Schwielochsee

Wir gehen nun zum Ufer des Sees und hier entlang weiter nach Zaue. Der Schwielochsee hat mit über dreizehn Quadratkilometern Gesamtfläche respektvolle Ausmaße und gehört zu den größten natürlichen Seen der Lausitz. Er ist rund 11 km lang und bis zu 2,5 km breit. In seinem nördlichen Teil wird der See von der Spree durchflossen, die von Westen einmündet und ihn nach Norden in Richtung Beeskow wieder verlässt.

Die Eiszeit hinterlässt hier eine sumpfige Niederung mit Tümpeln, Fließen und kleinen Seen. Der Schwielochsee erhält seine jetzige Gestalt jedoch erst im 14. Jahrhundert, als mit dem

Der Schwielochsee, seiner Entstehung nach ein Rinnensee, ist ein Produkt der letzten Eiszeit. Bis Ende des 19. Jahrhunderts hatte der See eine große wirtschaftliche Bedeutung. Heute dient er als Wasserreservoir für Berlin und ist mit seinem klaren Wasser Anziehungspunkt für Tausende Touristen.

Die Spree in Trebatsch; aus dem Unterspreewald kommend fließt die Spree in den nördlichen Schwielochsee, um ihn dann in Richtung Beeskow zu verlassen

Mühlenbau in Beeskow die Spree gestaut wird. Doch nach der Legende ist der Schwielochsee anders entstanden: In grauer Vorzeit hat ein Wendenkönig diese Gegend mit ihren großen Wäldern für seine wilden Schweine auserwählt, die hier prächtig gedeihen konnten. Eines Tages stößt eine Sau von riesigem Wuchs beim Wühlen im Schlamm unterhalb des Babenberges auf eine Quelle. Sie reißt mit den Hauern ein Loch ins Erdreich, aus dem sich fortan gewaltige Wassermassen in den Wald ergießen. Nach einiger Zeit ist der einst so mächtige und prächtige Wald verschwunden. Und an dessen Stelle fluten nun die Wogen eines riesigen Sees, des Swinlug oder Schwielung – Schweineloch oder „Schwielochsees".

Die Namensgebung ist historisch anders verlaufen. Der Schwielochsee findet seine Ersterwähnung im Jahr 1302 in einer Urkunde des Landgrafen von Thüringen. Im Verlauf der Jahrhunderte ändern sich Lautung und Schreibweise. Noch 1757 heißt er nur Schwieloh, erst 1879 bekommt er den noch jetzt gültigen Namen Schwielochsee.

Der See ist eigentlich eine typisch brandenburgische Seenlandschaft. Naturidyll für hunderte Ausflügler aus den Großstädten, die im Frühling und Sommer an Wochenenden links und rechts des Sees ihre Bungalows beziehen, den See mit ihren Booten bevölkern oder auf wildromantischen Wegen Rad- oder Fußwandern.

Das Ufer wird ringsum von einem breiten Schilfgürtel umsäumt. Viele interessante Pflanzenarten sind hier heimisch, so zum Beispiel die gelbe und die weiße Seerose, das Laichkraut oder der Sumpffarn. Auch Seeschwalben, Bachstelzen, Kiebitze, die große Rohrdommel und gelegentlich Adler finden optimale Lebensbedingungen.

Im Wasser leben viele Fischarten, darunter Barsch, Karpfen, Aal, aber auch Rotfeder, Blei, Schlei, Zander, Wels und Hecht.

Zaue

Zaue ist erreicht. Das Dorf liegt direkt am Schwielochsee. Seine schriftliche Ersterwähnung findet der Ort 1346 als „Czaw" im Stiftsmatrikel des Bistums Meißen. Doch das Dorf wird älter sein, denn bereits im 6. Jahrhundert besiedeln slawische Stämme das Gebiet. Um 1100 ziehen deutsche Siedler in diese Region, kommen aus dem süddeutschen Raum, aber auch aus Hessen und Niedersachsen. Sie machen das Land urbar, bauen Dörfer und Kirchen.

Die rechteckige Wehrkirche wurde vermutlich im 13. Jahrhundert von Mönchen des Klosters Dobrilugk (Doberlug-Kirchhain) errichtet. Sie ist eine romanische Saalkirche ohne Chor und Apsis.

In Zaue steht eine besonders wertvolle Wehrkirche. Sie wird vermutlich um 1300 von den Zisterzienser-Mönchen des Klosters Dobrilugk, dem heutigen Doberlug-Kirchhain, als eine rechteckige romanische Saalkirche errichtet. Das Mauerwerk besteht aus unbehauenen Feldsteinen, die Ziergiebel aus Backstein. Der Kirchenbau ist nach über 650 Jahren noch so erhalten wie damals.

Der Turm wird erst Jahre später angebaut und 1350 fertiggestellt. Er besitzt eine Besonderheit: Seine Mauern sind über dem Erdboden 1,60 Meter stark und verjüngen sich nach oben in drei Absätzen. Die Bauweise zeugt von hoher Handwerkskunst, denn das verwendete Naturgestein ist meisterlich zu geraden Wänden und runden Türwölbungen vermauert.

Die Turmfenster wirken wie Schießscharten, nach vorn verengt. Das lässt den Schluss zu, dass die Kirche in jener Zeit den Menschen der Gemeinde bei militärischen Bedrohungen als Zufluchtsstätte dient.

Das Kircheninnere wurde um 1736 völlig neu gestaltet. Als Decke wurde eine mit Wolkenhimmel bemalte Holztonne eingebaut. Auch der hölzerne Taufengel stammt aus dieser Zeit.

Wir gehen ins Kircheninnere, verhalten in der Mitte des Raumes und betrachten den wohl größten Schmuck des Gotteshauses: Wandmalereien aus der Zeit um 1420, die nachträglich auf den trockenen Putz aufgebracht worden sind. Sie erreichen die Höhe der Fenster und ziehen sich als ein Fries um das Innere des Kirchenschiffes. Diese Malereien zeigen böhmische Einflüsse und sind vermutlich von einem böhmi-

schen Künstler angefertigt worden. Dafür spricht, dass das Gebiet der Niederlausitz um 1420 Böhmen untersteht und erst später zu Sachsen gehört.

Die Malereien beginnen an der Westwand mit alttestamentlichen Bildern: Schöpfung, Sündenfall, Vertreibung aus dem Paradies, um nur einige zu nennen.

In der Mitte der Nordwand folgen Bilder aus dem Neuen Testament und im Altarraum sind die Passionsszenen – Jesus vor Pilatus, Geißelung, Dornenkrönung, Kreuztragung – dargestellt, an der Südwand die Kreuzigung.

Bemerkenswert scheint uns die individuelle und recht eigenwillige Auslegung der Religionsgeschichte durch den Künstler. Manche Szenen hat er einfach in seine Zeit übertragen. So erscheint Pilatus in der Tracht eines Kurfürsten, und es sind nicht römische Soldaten, die Jesus foltern und geißeln, sondern Landsknechte des 15. Jahrhunderts. Der Betrachter kann seine eigene Interpretation finden.

Eine andere Malerei neben dem Eingang, Ende des 15. Jahrhunderts entstanden, ist eher weltlichen Inhalts und amüsiert uns durch ihre fortwährende Aktualität. Der Inhalt: Eine Bäuerin buttert in einem Fass und hält die Augen geschlossen, so als wenn sie schläft. Dadurch entgeht ihr, dass sich zwei Teu-

links:
Der Wandfries gehört zum größten Schmuck der Kirche. Er ist aus der Zeit um 1420 und lässt böhmische Einflüsse erkennen.

rechts:
Der Kanzelaltar entstand im Jahre 1736. Er hat einen polygonalen Kanzelkorb, umgeben von Säulen mit Weinlaub. Über dem Schalldeckel befindet sich das Wappen derer von der Schulenburg in Lieberose. Bekrönt wird der Altar von dem kursächsischen Adler, da dieses Gebiet zu jener Zeit zu Kursachsen gehörte.

Die aus Lindenholz geschnitzte Madonna gehört zu den schönsten Madonnen. Sie wurde um 1420 geschaffen. Maria ist eine Königin. Sie trägt eine Krone und einen goldenen Mantel über dem blauen Gewand. Das Jesuskind sitzt aufrecht und mit gekreuzten Beinen.

fel anschleichen und einer der Bösen der Frau die frische Butter verdirbt.

Um 1650 werden während der lutherischen Orthodoxie die so beeindruckenden Gemälde mit Farbe übertüncht und erst im Jahre 1938 bei Umbauarbeiten wieder freigelegt, dann 1987 aufwendig restauriert.

Noch weitere Kostbarkeiten beherbergt die Kirche, darunter eine aus Lindenholz geschnitzte schöne Madonna als Königin mit Krone (ebenfalls aus dem Jahre 1420), die Holztonnendecke, als Himmel bemalt, sowie den frei schwebenden Taufengel.

Auch Ludwig Leichhardt ging zum Gottesdienst in diese Kirche. Wo mag er gesessen haben? Die Antwort suchen wir nicht wirklich, denn es ist nicht wichtig, von welchem Ort jemand die Botschaft vernimmt.

Erholungsort Goyatz

Wir verlassen die Kirche und Zaue, wandern weiter den Schwielochsee entlang bis zu seiner Südspitze nach Goyatz, einem alten Bauerndorf, das urkundlich erstmalig 1439 als Gowenczk Erwähnung findet. Die Gemeinde zählt mit den Ortsteilen Siegadel und Guhlen über 650 Einwohner und ist eine der größten am See.

Wechselvoll ist der Lauf der Geschichte auch in Goyatz. Im 18. und 19. Jahrhundert erlangt das Dorf einen gewissen Aufschwung, denn der Schwielochsee avanciert zu einem wichtigen Verkehrs- und Transportweg für die Region. Goyatz wird zum Umschlagplatz für Güter und Handelswaren von den Häfen an Nord- und Ostsee, die über die Oder und die Havel zum Schwielochsee und weiter nach Goyatz transportiert werden. Fisch, Holz, Steinkohle, Kalkstein, Getreide oder Wolle gehen so ihren Weg weiter nach Berlin oder andere große Städte. Aus Cottbus und Dörfern des Spreewaldes kommen einheimische Produkte, werden hier verschifft, wie Guss- und Tuchwaren, aber auch Heu, Stroh, Torf und Holz. 250 000 Zentner an Gütern aller Art landen jährlich im Hafen von Goyatz an. 20 Kähne werden meist gleichzeitig be- oder entladen.

Eine Pferdebahn, die Cottbus-Schwielochsee-Eisenbahn, bringt von hier die Waren nach Cottbus oder weiter. Sie leistet ihren Dienst von 1846 bis 1879. Dann fordert der technische

Fortschritt seinen Tribut. Für den Warentransport entstehen neue, wirtschaftliche Eisenbahnverbindungen von Cottbus nach Görlitz und nach Frankfurt (Oder). Damit verliert der Schwielochsee als Verkehrsweg schnell an Bedeutung. Fahren im Jahr 1865 noch 357 Lastkähne auf dem See, so reduziert sich die Zahl bis 1878 auf 75. Aus wirtschaftlichen Gründen wird der Kahnbetrieb am 21. November 1878 eingestellt. Eine neue Zeit bricht an. Mit der Eisenbahn kommen Erholungssuchende, Natur- und Wasserfreunde an den Schwielochsee, vor allem nach Goyatz. Seit Anfang des 20. Jahrhunderts prosperiert der Tourismus, entwickelt sich mit der Zeit zu einem wichtigen Wirtschaftsfaktor für die Region. Über 350 Siedlungs- und Ferienhäuser entstehen an den Ufern des Schwielochsees.

Wir haben Goyatz erreicht, gehen die Straße entlang. Der Ort trägt das Gesicht der Moderne und hat sich zugleich manches seiner Ursprünglichkeit erhalten.

Goyatz ist ein staatlich anerkannter Erholungsort und besitzt damit ein Gütesiegel, das das Dorf und sein Umfeld für Urlauber und Touristen besonders anziehend machen sollte. Neugierig geworden fragen wir uns, was Goyatz zu bieten hat oder welche Qualitäten das Dorf besitzt, um moderne Touristen von Reisen in ferne Länder abzuhalten und für einen Urlaub hier am Schwielochsee zu motivieren?

Wir suchen Antworten im Gemeindebüro und treffen uns dort mit dem ehemaligen Ortsvorsteher Dr. Hellmut Trunschke,

Der alte Bahnhof von Goyatz war Bahnstation der Schmalspurbahn, auch Spreewald-Guste genannt, die 1888 in Betrieb genommen wurde. Erst 1970 kam dann das endgültige Aus für die kleine Bahn. Das Bahnhofsgebäude beherbergt das Heimatmuseum. Auf dem Vorplatz befindet sich ein Bahnwaggon von 1910.

einem älteren erfahrenen Herrn. „Ich werde Ihnen gerne die Vorzüge von Goyatz aufzeigen", beginnt Dr. Trunschke seine Ausführungen. Er erzählt von der außergewöhnlichen Landschaft, einem Naturparadies für alle Rad- oder Fußwanderer. „Eine besondere Attraktion ist der Schwielochsee", meint Dr. Trunschke. Badegäste finden naturbelassene Strände und für Wassersportler besitzt der See alle erdenklichen Voraussetzungen, um zu segeln oder mit Motorbooten über Flussanbindungen bis zur Nord- und Ostsee zu touren." Er nennt aber noch weitere Gründe, um in Goyatz zu verweilen. Er sagt: „Wenn man sich die Landkarte ansieht, dann finden Sie uns zwischen Schlaubetal und Spreewald, in der Nähe der großen Städte Berlin, Cottbus und Dresden." Angesichts dieser günstigen territorialen Lage bestehen hinreichend Möglichkeiten, um die aktiven Erholungsformen am Schwielochsee mit vielfältigen geistig-kulturellen Erlebnissen oder mit Großstadtvergnügen zu verbinden.

Wir denken uns, wer will schon in die Großstadt reisen, wenn er sie gerade verlassen hat, um Ruhe und Erholung zu finden. Somit drängt sich doch die Frage auf, was Goyatz mit seinen Dienstleistungen und Einrichtungen für die Urlauber selbst im Angebot hat. Dazu berichtet Dr. Trunschke: „Goyatz verfügt über eine Infrastruktur mit allem, was Besucher und Touristen für ein angenehmes Leben brauchen. Für den Notfall gibt es Arzt- und Zahnarztpraxen, Feuerwehr mit Wasserrettungsdienst. Das Dorf bietet moderne Einkaufsmöglichkeiten, Gaststätten, Museen, Ferienwohnungen, Campingplätze,

Dorfplatz von Goyatz

ausreichend Parkraum, Bootsverleih aller Art, Wasserski, Fahrradausleihe, Reiterhof und vieles mehr. In den letzten Jahren wurde eine moderne Mehrzweckhalle erbaut, in der auch Fußball, Volleyball und Tennis gespielt werden kann."

Diese Fakten sind für uns beeindruckend. Dr. Trunschke scheint das wohlwollend zu registrieren.

Bei der Verabschiedung meint Dr. Trunschke: „Ich hoffe, ich konnte Ihnen Goyatz etwas näherbringen." Resümierend sagt er: „Alles, was ich Ihnen über die Natur und den Ort erzählt habe, können hier bei uns jene erleben, die den Mythos von der ‚Fernen Welt' abgelegt haben und wieder zurückfinden zu schlichten Formen wie aktiv sein vor der Haustür oder Urlaub auf dem Bauernhof."

Wir kommen zu der Überzeugung: Goyatz rüstet sich zu einem „Wohlfühlort", umgeben von Natur und Kultur, mit einem breiten Angebot für aktive Freizeitgestaltung und Erholung.

Wenn das Dorf auch jetzt im Herbst an einem gewöhnlichen Wochentag etwas verlassen wirkt, ist es doch das Entree zu Beschaulichkeit und Ruhe.

Wir kommen wieder hier her, ob Sommer oder Winter. An diesem Ort bestimmt nicht die Jahreszeit das Gefühl – es sind die Natur und die Stille.

Blick über den Hafen von Goyatz auf den Schwielochsee

S. 116–117:
Abendstimmung am Schwielochsee

DIE MÜHLE VON STRAUPITZ –
EUROPAWEIT EINMALIG

Wieder in Straupitz. Der Winter hält Einzug. Zu dieser Jahreszeit verläuft das Leben hier in ruhigeren Bahnen. Die Arbeit auf Wiesen und Feldern ruht, Touristen machen sich rar. Nur einige Unentwegte genießen die Stille, touren auf ihren Fahrrädern, sportlich, oder trekken in der Einsamkeit. Dunstiger grauer Nebel umhüllt das Land. Es ist empfindlich kühl geworden. Erde und Pflanzen erscheinen morgens reifbedeckt. Erster Frost zieht recht früh über den Spreewald hin und mit ihm verschwinden die Attribute des Frühlings und Sommers. Farben sind längst verblasst, die bunte Blumenpracht der Sommerwiesen ist dem tristen Graugrün der Jahreszeit gewichen. Doch die Vorboten des Winters sind noch schwach, können den Boden und das Wasser in den Fließen und Gräben nicht gefrieren. Ringsum säumen Bäume und Sträucher die Wege, ohne Laub, still, mystisch im Grau und Weiß des Reifs. Oben in den Baumkronen sitzen schwarze Vögel, zurückgeblieben aus der quirligen, aufgeregten Zeit der Störche, wirken traurig, allein gelassen. Auf den Weideflächen trotzen Rinderherden den ersten leichten Nachtfrösten über der Flussniederung, dicht gedrängt, scheinbar unbeeindruckt.

Wir sitzen in der warmen Wohnung von Anneliese und Helmut Bittner. „Für die innere Wärme vielleicht einen kleinen Spreewälder Kräuterlikör?" Wir sagen zu. Ein Likör dieser Güte gibt den Sinnen neuen Schwung.

„Ich sollte Ihnen eine nicht alltägliche Sehenswürdigkeit vorstellen, eine recht alte und denkmalgeschützte Mühlenanlage, mit einer mehr als 350-jährigen Vergangenheit", unterbricht Helmut Bittner das Schweigen. „Die Anlage ist keine Mühle schlechthin. Ihre Besonderheit ist: Sie vereint drei voneinander getrennte Betriebe unter einem Dach und kann in einem Produktionsvorgang gleichzeitig Korn malen, Öl schlagen und Holz sägen. Die Anlage ist heute noch voll funktionsfähig. Das macht die Dreifachwindmühle wohl zu einem außergewöhnlichen technischen Denkmal und einmalig in ganz Europa.

Die Mühlenanlage war nicht immer in dem guten Vorzeigezustand von heute, hat Zeiten des Niedergangs hinter sich. Bis 1968 wird noch Korn zu Mehl gemahlen, und in den

Die Straupitzer Holländerwindmühle, erbaut 1850, ist als voll funktionstüchtige Dreifachmühle ein besonderes technisches Denkmal europaweit. Unter ihrem Dach sind drei Mühlengewerke vereint: Korn-, Öl- und Sägemühle.

1970er Jahren gerät sie wie viele Mühlen in den Strudel des allgemeinen Mühlensterbens. Schrotgang und Ölschlag werden stillgelegt. 1988 wird der Mühlenkomplex an den Volkseigenen Betrieb Denkmalpflege verkauft.

Das Gebäude taugt den Denkmalpflegern nur als Abstellkammer und so ist der völlige Verfall in Sicht. Im Frühjahr 1994 wird der Heimat- und Fremdenverkehrsverein Straupitz aktiv und erwirkt einen Beschluss der örtlichen Gemeindevertretung für ein ABM-Projekt mit dem Ziel, einzelne Mühlgewerke wieder in Betrieb zu nehmen.

Unter der Leitung des ehemaligen Lehrers Klaus Rudolph beginnen Ende 1994 die Restaurationsarbeiten. Die Maschinenanlagen der alten Öl- und Sägemühle werden entrostet und gesäubert. Bereits nach einem Jahr, am 14. Dezember 1995, erfolgt die feierliche Übergabe der instand gesetzten Ölmühle als Schauwerkstatt an die Gemeinde. 1996 ist das Sägegatter wieder funktionstüchtig. Die Holländermühle ist jetzt eine wahre Kostbarkeit, eine Touristenattraktion mit Zukunft.

Für den Projektleiter Klaus Rudolph ist das aber erst der Anfang einer viel komplexeren Sanierung. Zur Vorbereitung darauf gründet er am 30. September 1995 den ‚Verein Straupitzer Mühlenfreund', eine lose Interessenverbindung aus Mitgliedern des Ortes und der Umgebung. Drei Jahre später geht daraus der ‚Mühlenverein Holländermühle e. V.' hervor, der sich den Erhalt und Betrieb dieses technischen Denkmals zum Ziel setzt. Große Schwierigkeiten tun sich auf. Unklare Eigentumsverhältnisse und vor allem fehlende Finanzmittel behindern das Projekt.

1998 klären sich endlich die Eigentumsverhältnisse. Die Mühle geht in den Besitz der Gemeinde Straupitz über und wird an den Mühlenverein verpachtet. Jetzt gibt es die Chance, Fördermittel in Höhe von 2,1 Millionen DM zu beantragen und vor allem auch genehmigt zu bekommen. In Brandenburg mahlen die Mühlen recht schnell: Schon im Juli 2001 hält der Bürgermeister von Straupitz den Zuwendungsbescheid für die Fördermittel in seinen Händen. Wenige Tage danach, am 06. August ist Bauanlaufberatung. Die Bilanz: Der Substanzverlust ist höher als erwartet. Dann sind auch noch die Auflagen des Denkmalschutzes zu erfüllen. Alles zusammen – eine gewaltige Aufgabe für den Mühlenverein.

Der Wiederaufbau der Mühle beginnt. Der alte Pferdeschuppen wird abgerissen für den Bau des Müllerhauses, der Turmschaft zur Austrocknung freigelegt und das Mauerwerk des Sägewerks saniert. Dächer, Balken und Dielen im Inneren und anderes mehr bedürfen einer gründlichen Überholung. Holländische Mühlenbauer helfen bei der Rekonstruktion des Windbetriebes. Die alte Turmhaube wird zum Jahresende 2001 abgehoben und zur Reparatur nach Holland transportiert. Die Firma Vaags Molenwerken übernimmt die Vorfertigung. Anfang September 2002 wird die neue Turmkappe aus Holland geliefert und von niederländischen Mühlenbauern hier in Straupitz montiert.

Am 04. Oktober dann das große Ereignis. Schaulustige aus nah und fern applaudieren, als ein riesiger Montagekran die neue Mühlenhaube an ihren alten Platz hievt.

Es ist Freitag, der 13. Dezember 2002 – ein Glückstag für alle Mühlenfreunde weit über Straupitz hinaus. Die Holländermühle ist wieder vollkommen und im funktionstüchtigen Zustand. Der Bürgermeister würdigt das Ereignis und dankt im Namen der Gemeinde besonders einem Mann – dem Müller Klaus Rudolph."

Rundgang

Wir treffen den Straupitzer Klaus Rudolph, Initiator des Wiederaufbaus der Mühle. Er leitete 17 Jahre die Mühle und ist nun im wohlverdienten Ruhestand. Klaus Rudolph begrüßt uns mit „Glück zu", dem traditionellen Zunftgruß der Wandermüller. „An diesem Gruß erkennen sich echte Müller", erklärt er. Vor uns die Windmühle nach holländischer Bauart errichtet mit ihrem 17 Meter hohen Backsteinturm. Wie für diese Mühlen charakteristisch, ist auf den Turm eine Mühlenkappe aufgesetzt, 360° drehbar, um die Flügel von 22 Meter Durchmesser immer richtig in den Wind zu stellen. Über dem Eingang ist in einem altdeutschen Schriftzug der Müllergruß „Glück zu" angebracht.

Ihre wechselhafte Geschichte geht bis in die Mitte des 17. Jahrhunderts zurück. Eine Ortschronik des Straupitzer Lehrers Walter Mak weist auf das Jahr 1640, in dem bereits eine Mühle als „Windbock" die Straupitzer versorgt. Nur zehn Jahre später (1650) wird der „Windbock" abgerissen und am jetzigen Standort in der Laasower Straße erneut aufgebaut. Nach einem Brand entsteht dann im Jahre 1850 eine massive Holländermühle. In den Folgejahren wird sie zur Dreifachmühle ausgebaut, 1884/85 erhält sie ein Sägewerk und 1910 eine Ölmühle.

Aus welchem Grund hat man damals eine Dreifachanlage errichtet, wollen wir wissen?

„Das geht ursächlich einher mit der technischen bzw. industriellen Entwicklung in Deutschland", betont Klaus Rudolph. „Erst mit Dampf oder elektrischem Strom ist der Mühlenkomplex einsatzfähig. Die Windkraft allein reicht nur für einen Arbeitsprozess, nicht für drei. Häufig bläst ein schwacher Wind, manchmal ist sogar Windstille. Wir haben die Windkraft über einen längeren Zeitraum gemessen, mit dem Ergebnis, dass sie nur drei Monate im Jahr ausreicht, um die Mühle voll in Betrieb zu nehmen. Die Situation wird in den zurückliegenden Jahrhunderten nicht anders gewesen sein."

Die Dampfmaschine und später die Elektroenergie öffnen dem Mühlengewerbe neue Perspektiven. Auch in Straupitz nutzt der Müller die Chancen des technischen Fortschritts, erweitert die Mühlenanlage durch Säge- und Ölmühle. Das ist wirtschaftlich gedacht, zumal die großen Waldvorkommen um Straupitz ausreichend Sägeaufträge sichern und Öl als Brennstoff für Öllampen oder als Nahrungsmittel genügend Abnehmer findet. Jetzt ist die Mühlenanlage wieder im alten Zustand, ein schützenswertes, technisches Denkmal.

Wir gehen in die Mühle, gelangen in die Kornmühle, auf den Sackboden. Der Name verrät, dass hier die prallgefüllten Säcke mit Mehl oder Korn lagern. Ein beeindruckender Ort. Zahnräder greifen ineinander, übertragen die Kraft, die ihnen

Kornmühle mit Mahlstein und prall gefüllten Mehlsäcken

der Wind über die Flügel verleiht. Starke Wellen, darauf breite Scheibenräder, fest durch Riemen mit anderen verbunden, sichern den Transport der Energie bis an den Punkt, wo gewaltige Steine das Korn reiben, zerquetschen, mahlen.

Von dem Sackboden steigen wir eine Treppe hinauf zum Mahlboden, auch als Steinboden bekannt, wenn – wie in Straupitz – der Mahlgang noch mit Mühlsteinen erfolgt. Weiter führt die Treppe direkt unter die Mühlenkappe. Balken aus Eichenholz, eine Flügelwelle und dann das 3,20 Meter große Kammrad erzeugen Ehrfurcht vor der handwerklichen Meisterleistung, die von den Mühlenbauern vor mehr als 200 Jahren vollbracht worden ist.

Wieder unten gehen wir ins Kesselhaus, dann durch eine kleine Tür in das Sägewerk von 1885, das in Ausstattung und Funktion noch so erhalten ist wie bei seiner Entstehung.

Kornmühle mit Mühlwerk

Bestes Leinöl – Duftendes Brot

Wir betreten die Ölmühle. Der kräftig nussige Duft des frischen Leinöls erfüllt die Luft. „Hier wird ein hochwertiges, ganz besonderes Leinöl geschlagen", erklärt Klaus Rudolph.

„Wir besinnen uns auf alte Spreewälder Handwerkskunst und schlagen es wie vor Hunderten von Jahren auf traditionelle, schonende Weise. Das Geheimnis ist: Wir feuchten das Leinsamenschrot mit etwas warmem Wasser an und rösten es dann bei 70° C in einer Eisenpfanne über Holzfeuer. Das ist sehr aufwendig, verlangt hohes handwerkliches Können, Fingerspitzengefühl und Erfahrung, gibt aber dem Öl seine Qualität und seinen unverwechselbar milden, nussigen Geschmack. Im nächsten Schritt wird das Leinschrot warm gepresst, so wie bisher immer im Spreewald. Der Pressvorgang erfolgt hydraulisch, ist körperlich anstrengend, muss schnell und präzise ausgeführt werden."

Der Ölmüller lädt zu einer Kostprobe ein, reicht Weißbrotstückchen, die ins frisch geschlagene Öl getaucht und mit Zucker oder Salz genüsslich verzehrt werden. Es schmeckt und findet bei den Besuchern reißenden Absatz.

Wollen Sie das Öl nicht in die Geschäfte bringen?

„Nein", sagt Klaus Rudolph. „Obwohl der Absatz gegeben ist, können und wollen wir das nicht. Die Straupitzer Mühle soll technisches Denkmal bleiben. Bei Steigerung der Pro-

In der Ölmühle: In einem Pressdurchgang werden jeweils 10 kg Leinsaat verarbeitet, woraus ca. 2,5 Liter goldgelbes Leinöl fließen

Die Sägemühle von 1885: Hier sieht es noch genauso aus wie vor über 100 Jahren

duktion würde die einhundert Jahre alte Technik schnell verschleißen.

Früher sind die Ölmüller in die großen Städte gefahren, zum Beispiel nach Berlin. Sie haben in Straßen oder auf Hinterhöfen das Öl verkauft. Das machen wir natürlich nicht mehr. Heute bedienen wir unsere Kunden vor Ort im Müllerhaus und über Versand."

In Straupitz wird Mühlenbrot gebacken, ein köstliches Leinbrot. In der örtlichen Naturbäckerei Vater, einem Familienbetrieb in der dritten Generation, kommt es jeden Donnerstag frisch aus dem Ofen. Es ist ein Roggen-Vollkorn-Schrotbrot, vermischt mit Leinkuchen, sagt uns der Bäckermeister. Den Leinkuchen, ein Abfallprodukt nach dem Pressvorgang des Leinsamens, liefert die Straupitzer Mühle. Das sehr feinporige Brot wird noch in alter Tradition gebacken, ohne Weizenanteile.

Wir lieben das Brot. Es hat einen wunderbaren würzigen Geschmack. „Bei uns", so erzählt uns der Bäckermeister, „bekommen Sie ein naturbelassenes Brot, das selbst geschoben wird."

Doch die Rezeptur für dieses Brot verrät er uns nicht. Sie bleibt sein streng gehütetes Geheimnis.

Leinöl – Baustein für die Gesundheit der Spreewälder

„Leinöl und Quark machen den Spreewälder stark", heißt es im Volksmund. Die Verarbeitung von Lein lässt sich lange zurückverfolgen. Bereits unter Friedrich dem Großen avanciert Leinöl zum Grundnahrungsmittel.

Dabei können die Spreewälder auf Erkenntnisse der alten Kulturen aufbauen. Schon vor mehr als 5 000 Jahren v. Chr. ist der Samen dieser genügsamen Pflanze für die Menschen Nahrungsquelle oder Heilmittel zugleich. Im alten Ägypten dient Leinöl der Hautpflege und wird als verdauungsfördernder, krampflösendes und schmerzstillendes Mittel eingesetzt. Im antiken Griechenland nutzt Hippokrates es bei Verbrennungen, gegen Katarrhe, Magen-Darm-Leiden oder zur Wundheilung.

In Europa erlebt Lein seine Blütezeit im Mittelalter zur Behandlung von Krankheiten und als Faserpflanze für die

Bis ins 20. Jahrhundert konnte man im Spreewald die blau blühenden Lein- oder Flachsfelder bewundern. Das Feld auf dem Bild ist eines der letzten in diesem Gebiet. Heute wird Lein zur Ölherstellung aus anderen Regionen importiert.

Leineweberei, zur Holzbehandlung oder als Bindemittel für Farben und Lacke. Paracelsus behandelt Husten und Darmleiden mit Leinöl. Die Äbtissin Hildegard von Bingen entwickelt verschiedene Rezepturen aus Lein gegen innere Leiden, Gürtelrose oder Verbrennungen.

Im Spreewald ist der Leinanbau eng mit seiner Besiedlungsgeschichte verbunden.

Über Jahrhunderte prägen im Juni die zart blau blühenden Leinfelder das Bild der Dörfer. Die Flachspflanze gedeiht prächtig auf dem humusreichen Boden. Ölgewinnung und die Leineweberei werden zu gewinnträchtigen Erwerbszweigen, denn die Produkte aus dem Spreewald sind in ganz Europa hoch begehrt. Funde von Getreideresten zeugen davon, dass bereits in frühgeschichtlicher Zeit Flachs angebaut und verarbeitet wird. Aber auch in der Volksmedizin wissen die Spreewälder die gesundheitsfördernde Wirkung des Öls zu schätzen.

Dann geraten diese Erfahrungen mehr und mehr in Vergessenheit, erniedrigt von den unzähligen Produkten der Pharmaindustrie, totgeschwiegen im Labyrinth der Tausenden Tabletten, Tropfen und Tinkturen. Die meisten Menschen wissen nichts mehr von den „Kräften" des Leinöls.

Jetzt erleben Leinsamen und Leinöl eine Renaissance, weniger zur Tuchverarbeitung, sondern als Lebens- und Heilmittel. Immer mehr Forscher auf der ganzen Welt schenken der Leinpflanze ihr wissenschaftliches Interesse. Aber auch die großen Pharmakonzerne sind wach geworden. Der Grund dafür: Öl aus dem Samen der Leinpflanze enthält 54 Prozent Omega-3-Fettsäuren und damit deutlich mehr als Rapsöl (10%), Olivenöl (1 %) oder Sonnenblumenöl (0,5 %). Deshalb sowie wegen weiterer positiver Inhaltsstoffe hat Leinöl – so wird behauptet – eine komplexe gesundheitsfördernde Wirkung bei der Behandlung von Bluthochdruck, Diabetes, Fettstoffwechselstörungen, Magen-Darm-Leiden oder Husten, um nur einige zu nennen.

Wir wollen genau wissen, was Leinöl kann und was nicht und sprechen darüber mit der Heilpraktikerin Dipl. med. päd. Hannelore Linge aus dem Spreewalddorf Dissen bei Burg.

„Ich bin mit Leinöl groß geworden und esse es selbst sehr gern", sagt sie uns. Und weiter: „Frisch muss es sein, weil sich dann der nussartige Geschmack gut entfaltet, ansonsten schmeckt es schnell ranzig und bitter. Wegen der Vitamine bevorzuge ich es möglichst kalt gepresst. Leinöl ist ein gesunder Sattmacher und lässt sich in der Küche besonders gut mit Milchprodukten oder Fisch kombinieren, was wissenschaftlich nachgewiesen den gesundheitlichen Effekt steigert. Es gibt hierfür sogar schon Studien aus den 1950er Jahren von Dr. Johanna Budwig, die durch aktuelle Forschungen bestätigt werden.

Im Spreewald haben Quark mit Leinöl, Hering mit Leinöl, Gurkensalat mit saurer Sahne und Leinöl schon eine lange Tradition. Durch den hohen Anteil an Omega-3-Fettsäuren wirkt besonders das Leinöl stoffwechselaktivierend, blutverdünnend und entzündungshemmend. Diese positiven Effekte kann der Patient unter meiner Anleitung bei Darmstörungen, Übergewicht, Allergien, Nahrungsmittelunverträglichkeiten, Rheuma sowie anderen Schmerzzuständen nutzen. Trotzdem ist Leinöl kein Wundermittel. Ich habe Patienten, die essen sehr gern Leinöl mit Quark, leiden dann unter Durchfall, weil sie Milchprodukte nicht vertragen. Jedes Nahrungsmittel ist für sich oder in Kombination mit anderen nicht für jeden Menschen in gleichem Maße bekömmlich. Deshalb nutze ich seit ca. 5 Jahren auch naturwissenschaftliche Laboranalysen zur Austestung der Stoffwechselbalance und individuellen Verträglichkeit. Damit konnte ich schon vielen Patienten helfen.

Nicht zu vergessen sind sehr wohltuende äußere Anwendungen durch warme Leinsamenpackungen unter anderem bei Ohrenentzündungen, Husten, Menstruationsbeschwerden. Bei Verstopfung und zur Unterstützung einer gesunden Darmbesiedlung hilft die Einnahme von geschrotetem Leinsamen."

AUSBLICK

Hier enden unsere Spreewald-Wanderungen für dieses Jahr. Wir werden auch weiterhin der außergewöhnlichen und schönen Kulturlandschaft verfallen und ihren Geheimnissen auf der Spur bleiben.

Vielleicht treffen wir uns bald, nicht nur über die Seiten des Buches, sondern auf einer Wanderung gleich welcher Art, denn das Besondere und Überwältigende des Spreewaldes ist im vollen Umfang nur vor Ort zu erleben und zu erfahren.

Literaturauswahl

Babovic, T. / Hanke, B.: Auf Schinkels Spuren, Hamburg 2002

Ebert, R.: Lübben und die Niederlausitz – Beiträge zur Geschichte einer Region im Land Brandenburg, Band 3, Teil 2, Lübben 2001

Ev. Pfarramt Straupitz (Hrsg.): Die Dorfkirche zu Straupitz, Passau 1994

Fahlisch, P.: Geschichte der Spreewaldstadt Lübbenau, 2. Aufl., Lübbenau 1928

Fahlisch, P.: Der Spreewald, Leipzig 1929

Festschrift der Gemeinde Straupitz zur 700jährigen Ersterwähnung am 30. April 1994, erarbeitet von einem Autorenkollektiv unter Leitung von Helmut Klinke, Lübben 1994

Fiedler, H.: Ludwig Leichhardt und Alexander von Humboldt, Wiss. Zeitschrift der Pädagogischen Hochschule Potsdam, Jg. 31 / 1987, Heft 3

Finger, H. W.: Leichhardt, gekürzte Ausgabe 2008, München 2001

Fontane, T.: Wanderungen durch die Mark Brandenburg, eine Auswahl, herausgegeben von C. Grawe, Stuttgart 2001

Förderverein Schwielochsee e.V. (Hrsg.): Die Schwielochsee-Region – ein Kleinod in Brandenburg, Goyatz 1998

Fremdenverkehrsverband Spreewald e.V. (Hrsg.): Kulturführer Spreewald, Nördlingen 1995

Gosche, L.: Trebatsch und ein bißchen drumrum, Rüdersdorf 1999

Gosche, L.: Fragezeichen in Trebatschs Geschichte, Rüdersdorf 2004

Karl Friedrich Schinkel – Führer zu seinen Bauten, Band 2: Von Aachen bis Sankt Petersburg, Hrsg. für das Haus der Brandenburgisch-Preußischen Geschichte von A. Bernhard, München / Berlin 2006

Karl Friedrich Schinkel 1781–1841, Staatliche Museen zu Berlin in Zusammenarbeit mit den Staatlichen Schlössern und Gärten Potsdam-Sanssouci und mit Unterstützung des Instituts für Denkmalpflege in der DDR, Ausstellung im Alten Museum vom 23. Oktober 1980 bis 29. März 1981

Köhler, K.: Chronik der Ev. Dorfkirche Straupitz zur Einweihung nach der Sanierung 1993

Kufeld, K.: Reisen, Ansichten und Einsichten, Frankfurt am Main 2007

Lehmann, R.: Die Niederlausitz in den Tagen des Klassizismus, der Romantik und des Biedermeier, Köln / Graz, 1958

Lehmann, R.: Die Herrschaften in der Niederlausitz. Untersuchungen zur Entstehung und Geschichte, Köln 1966

Lübbener Heimatkalender 2004

Maaz, B. (Hrsg.): Die Friedrichswerdersche Kirche – Schinkels Werk, Wirkung und Welt, Berlin 2001

Marx, B.: Ludwig Leichhardt, in Mitteilungsblätter für das Amt Lieberose / Oberspreewald 2008, Nr. 1, 2, 4, 6, 7, 8, 9

Morgenstern, C.: Zitate, Aphorismen, Lebenswahrheiten, www.oppisworld.de / morgen

Morgenstern, M.: Eine romantische Wanderung durch den Spreewald, Lübben 1995

Morgenstern, M.: Spreewald. Erinnerungen. Trachten – Sitten und Bräuche – die sorbisch / wendischen Wurzeln, München 2002

Mühlenverein Holländermühle e.V. Straupitz (Hrsg.): Straupitzer Mühlenkaleidoskop, Cottbus 2003

Ohff, H.: Karl Friedrich Schinkel oder Die Schönheit in Preußen, 5. Aufl., München 2007

Rave, P. O.: Karl Friedrich Schinkel. Lebenswerk. Mark Brandenburg, München / Berlin 1961

Rödenbeck. F. G. S.: Chronik der Herrschaft Straupitz zum Gedächtnis der Einweihung der neuen Kirche zu Straupitz 1832, Meißen 1832

Rousseau, J.-J.: Die Kunst des Wanderns, www.emmet.de

Schopenhauer, A.: Von ihm. Über ihn. Ein Wort der Verteidigung, digitalisiert von Google

Seume, J. G.: Mein Sommer 1805, Leipzig 1987

Seume, J. G.: Spaziergang nach Syrakus im Jahre 1802, Frankfurt am Main 2004

Wanderführer Unterer Spreewald, Lübben 1992

Wiederanders, G.: Die Kirchbauten Karl Friedrich Schinkels. Künstlerische Idee und Funktion, Berlin 1981

Bildnachweis

Hans-Georg Schuster

SPREEWALD

Eine sinnliche Wanderung

Michael Imhof Verlag